부조리한 세상에서
행복하게 살아가기

부조리한 세상에서
행복하게 살아가기

초판 1쇄 발행　2025. 12. 12.
　　 2쇄 발행　2025. 12. 19.

지은이　노현
펴낸이　김병호
펴낸곳　주식회사 바른북스

편집진행　임현정
디자인　김효나
마케팅　송송이 박수진 박하연

등록　2019년 4월 3일 제2019-000040호
주소　서울시 성동구 연무장5길 9-16, 606호 (성수동2가, 블루스톤타워)
대표전화　070-7857-9719 | **경영지원**　02-3409-9719 | **팩스**　070-7610-9820

• 바른북스는 여러분의 다양한 아이디어와 원고 투고를 설레는 마음으로 기다리고 있습니다.

이메일　barunbooks21@naver.com | **원고투고**　barunbooks21@naver.com
홈페이지　www.barunbooks.com | **공식 블로그**　blog.naver.com/barunbooks7
공식 포스트　post.naver.com/barunbooks7 | **페이스북**　facebook.com/barunbooks7

ⓒ 노현, 2025
ISBN 979-11-7263-720-0 03190

• 파본이나 잘못된 책은 구입하신 곳에서 교환해드립니다.
• 이 책은 저작권법에 따라 보호를 받는 저작물이므로 무단전재 및 복제를 금지하며,
　이 책 내용의 전부 및 일부를 이용하려면 반드시 저작권자와 도서출판 바른북스의 서면동의를 받아야 합니다.

부조리한 세상에서
행복하게 살아가기

첫 출근하는 딸 윤주에게

노현 지음

바른북스

이 책을 어머님께 바칩니다.

목차

프롤로그 — 암 투병과 글을 쓰는 이유

시작하는 말 — 부조리한 세상을 대하는 우리의 자세

1. 부조리란 무엇인가   25

　1.1. 부조리한 세상(직장)에서 어떻게 살아야 하나
　1.2. 부조리의 정의와 대응

2. 행복이란 무엇인가   37

　2.1. 행복의 유형
　2.2. 행복의 공식

본문

1. 자기 자신 외에 상처 주는 이는 아무도 없다.
   자신을 돌보고 사랑하라 — 51
2. 인생의 디폴트옵션을 행복으로 재설계하라 — 63
3. 근소한 우위(Slight Edge)를 확보하고
   복리효과(Compound Effect)를 활용하라 — 73
4. 의미 있는 목표를 세우고 헌신하는 삶을 살아라 — 83
   - 4.1. 퇴직을 고민하는 후배들에게
5. 인생 포트폴리오를 설계하라 — 101
6. 나를 기쁘게 하는 것들에 시간과 주의를 더 투입하라 — 119
7. 도덕적, 윤리적으로 살아라 — 131
8. 1년에 50권의 책을 읽어라 — 145
9. 행복하고 싶다면 몸에 올인하라 — 159
10. 자주 웃고, 미소 짓고, 행복을 묵상하라 — 173
11. 피할 수 없는 고통은 받아들이고, 의미를 발견하라 — 189

에필로그 — 긴 여정을 마치며 희망을 노래함

감사의 말

주여
바꿀 수 없는 것을 받아들이는 평온을
바꿀 수 있는 것을 바꾸는 용기를
그리고 그 둘을 구별할 수 있는 지혜를 주소서.

〈평온을 비는 기도〉 라인홀드 니부어

프롤로그

– 암 투병과 글을 쓰는 이유

2022년 1월 27일.

저녁 식사를 하는데 집사람이 내가 음식을 자꾸 흘리고 얼굴 한쪽이 마비된 것 같다고 한다.

최근 들어 불면증에 시달리고 컨디션이 좋지 않아 걱정이 많던 차라 의사 친구에게 전화하니 바로 응급실로 가보라고 한다.

내일 회사 대표님 및 은행 동료들과 구정을 앞두고 점심 약속도 있고 해서 내일 아침 일찍 출근해서 양해를 구하고 응급실로 가겠다고 했다.

2022년 1월 28일.

어김없이 불면증에 시달리고 피곤한 몸을 이끌고 지하철 역으로 향한다. 오늘따라 더 피곤하다. 염치 불구하고 임산부석에 앉아서 조금 졸은듯한데 도착역인 을지로3가역이다. 사무실에 도착하니 컨디션이 영 좋지 않다. 책가방을 놓고 사무실에서 나와 119에 전화를 걸어 증상을 얘기하니까 그 자리에서 가만히 기다리라고 한다.

구급차가 금세 도착하고 올라타니 바이털사인을 체크한다. 뇌출혈, 뇌경색이 의심되는 증상이라고 하니 겁이 난다. 구급차는 강북 삼성병원으로 향하고 응급실을 거쳐 바로 입원한다.

집에 전화해 집사람에게 자초지종을 설명하고 머리 MRI 등 몇 가지 검사가 빠르게 진행된다.

검사 사이에 부서 직원에게 상황을 알리고 대표님께 양해를 구했다. 검사 결과를 말하는 의사의 표정이 무겁다. 뇌종양이라는 말에도 의외로 담담하다. 종양이 많이 진행

돼서 위험하니 하루라도 빨리 수술을 하자고 한다. 삼성병원에서 할지 아니면 다른 병원에서 할지를 빨리 결정해 달라고 한다. 병원으로 달려온 집사람은 침착한 반면 아들은 많이 놀란 표정이다. 어머님께는 차마 직접 전화하지는 못하고 누나를 통해 연락하고 싱가포르에서 공부하는 딸에게는 알리지 않았다.

 삼성병원에서 수술하기로 결정하니까 수술 날짜는 바로 2월 7일로 정해졌다. 전신마취로 10시간이 넘는 대수술이라 수술 가능 여부를 체크하는 검사가 진행된다.

 수술동의서를 받으러 온 전공의의 워닝(Warning)이 살벌하다. 수술하다 죽을 수도 있고, 신체 일부가 마비될 수도 있으며, 마취에서 깨어나지 못하는 경우도 종종 있단다. 의료사고에 대비한 어쩔 수 없는 고지라는 걸 알기에 도리 없이 동의서에 사인한다.

 수술을 앞두고 침대에 누워서 삭발을 하는데 눈물이 흐

른다. 두려움이나 슬픔이 아닌 왠지 모르는 복합적인 감정이 교차한다.

다행히 수술 가능 판정을 받았다. '불행 중 다행이다.'라는 생각이 든다.

두 사람이 나를 응원하려 머리를 짧게 잘랐다. 연기 지망생인 아들은 예전 해병대 머리로 잘랐고, 은행 후배 1명도 짧게 자른 자신의 모습을 카톡으로 보내왔다. 미안하면서도 고맙다.

수술 전에 해야 할 일들을 노트에 적어 보니 의외로 많다. 전에 읽었던 《내가 내일 죽는다면》이란 책을 기억해 낸다. '만약 내가 내일 죽는다면 나는 무엇을 남기고 무엇을 정리해야 할까요?'라는 도발적인 질문이 현실로 다가오는 순간이다.

상속할 재산이 없으니 재산 분배에 대해 유언장을 쓸 일은 없다. 주식을 정리하고 보험, 예금 등을 정리한 내역을 아내에게 보여주면서도 남길 재산이 별로 없음에 미안한 마음이 든다.

 죽으면 연락해야 할 명단을 정리해서 몇몇 친구들에게 보냈다. 수술할 준비를 어느 정도 마쳤다. 딸내미에게는 알리지 않았고 마음 졸이고 있을 어머님과도 전화 통화를 안 했다. 말도 못하고 울 것 같아서 도저히 전화를 할 수가 없었다.

 2022년 2월 7일 오후 2시에 시작된 수술은 다음 날 새벽에 끝났으니 10시간이 넘게 걸린 것 같다.
 수술은 성공적으로 끝났고 중환자실로 옮겨져서 하루를 머문 후 일반병동으로 옮겨졌다. 살아서 일반병동으로 다시 돌아온 기쁨도 잠시, 의사가 들어오더니 다른 검사에서 혈액암이 발견되었다고 한다. 이번에도 나는 무덤덤하다. 정확하게는 악성 림프종이다. 주치의는 여러 과 교수들이 참가하는 협진회의에 참석하라고 한다. 나를 둘러싸고 7~8명의 교수들이 회의를 시작한다. 카뮈의 책 《이방인》의 '뫼르소'가 피고인석에 앉아 있는 기분이다.

뇌종양 수술 후 바뀐 종양내과 주치의가 회의를 주관한다. 유관 과 교수들과 향후 치료 계획에 관해서 토의하는 자리다. 전문 용어가 난무하고 도무지 무슨 소린지 모르겠다.

수술 후유증이나 부작용이 없는지 검사가 계속된다. 손발의 움직임과 기억력, 인지력 테스트 결과, 정상인 듯하다. 이어 걷기 등 재활훈련에 들어간다.

코로나가 한창일 때라 면회는 불가하고 보호자도 1명만 가능하여 집사람과 아들이 번갈아 간호한다. 그 와중에 코로나 양성 판정으로 2주일간 격리되었다.

뇌종양 수술로 종양을 다 긁어낸 것이 아니고 자칫 위험할 수 있는 부위는 향후 항암치료를 통해 제거한다고 한다.

2차 항암 후 주치의가 혈액암 수술을 위해 큰 병원으로 옮겨야 한다고 해서 덜컥 겁이 났다.
 주치의가 전에 아산병원에서 근무했는데 그곳에 골수이식(조혈모세포 이식수술) 장비가 있고 전에 같이 근무했던 선배 종양내과 교수가 있다고 하면서 소개해 주었다.
 아산병원에서 네 차례 항암치료를 받고 마지막 일곱 번째 항암과 동시에 조혈모세포 이식수술 날짜가 6월 7일로 잡혔고 성공적이라면 7월 7일에 퇴원 가능하다고 한다.

 마지막 항암은 센 항암제를 써서 많이 힘들 것이고 면역력이 떨어져서 무균실에서 열흘 정도 지내야 한다고 한다.
 자가조혈모세포 이식수술 가능 여부를 확인하는 골수, 척수 검사를 하는데 통증이 극심하다. 자가조혈모세포 이식수술이 가능하다는 판정을 받았다. 운이 좋다는 생각이 든다.

나의 조혈모세포를 추출해서 불순물을 제거하고 냉동 저장해 놓았다가 깨끗한 조혈모세포를 다시 수혈하는 것이다. 나의 조혈모세포로 이식하는 것이라 조혈모세포 안착률이 높고 부작용도 적다고 한다. 거듭 감사한 일이다.

6월 7일부터 내 기억에서 사라진 한 달이 지나갔다. 독한 항암치료로 계속 잠만 잤고, 섬망 증세가 심해서 의사, 간호사, 아내하고 싸웠던 기억들만 또렷하다.

우여곡절 끝에 항암치료를 마치고 7월 7일 퇴원 예정이었지만 퇴원 전날 낙상으로 이마를 네 바늘 꿰매고 7월 8일에 퇴원했다. 올해 1월 28일에 입원했으니 실로 6개월 만이다. 일주일 정도 요양병원에서 지내고 집으로 가라는 의사의 권고를 마다하고 바로 집으로 향했다.

항암 중간중간 집에 오기는 했지만 퇴원해서 집에 오니 감회가 새롭다. 조혈모세포 이식의 영향으로 손톱, 발톱이

전부 빠지고 새로 났는데, 불편함이란 말로 표현하기 힘들다. 신생아처럼 각종 예방접종도 2년에 걸쳐 마쳤다.

그래서 6월 7일이 제2의 생일이다. 이듬해 6월 7일, 친구들이 케이크를 사 와서 집 앞 카페에서 조촐한 돌잔치를 했다. 고마운 친구들이다.

항암, 수술, 검사 등도 힘들었지만, 예민한 성격으로 다인실에서의 불편함이 대단했는데, 혼자 자는 것만으로도 행복하다.

뇌전증, 대상포진으로 2차례 응급실로 실려 가기도 했지만, 조혈모세포 이식수술 한 지 3년이 지났고 6개월에 한 번씩 하는 정기검진의 모든 검사 결과는 양호하다. 어려운 시기를 버틸 수 있는 힘의 원천은 가족과 친구들이었다. 그들의 기도, 관심과 응원이 없었다면 버텨내기 힘들었을 것이다. 연로하신 어머님(1931년생)을 생각하면 힘을 낼 수밖에 없었다.

오스트리아 정신과 의사이자 아우슈비츠 수용소에서 살아남은 《빅터 프랭클의 죽음의 수용소에서》 저자인 빅터 프랭클이 지옥 같은 나치 수용소에 살아남을 수 있었던 것은, 사랑하는 가족들과의 재회에 대한 희망과, 종결짓지 못한 책을 마저 써야 한다는 생각 때문이었다고 한다.

나도 싱가포르에서 공부하고 있는 딸과 연로하신 어머님과의 재회에 대한 희망과 구상하고 있는 책을 발간할 때까지는 죽을 수 없다는 생각으로 버텼고, 이 책이 그 결과물이다.

이 책은 갑작스러운 죽음을 대면하게 되면서 아이들에게 못다 한 얘기가 너무 많다는 생각과, 부조리한 직장에서 좌절하고 고민하는 후배들에게 부조리한 세상에서 행복하게 살아가기 위한 방법을 알려줘야겠다는 생각이 이 책을 쓰게 된 주된 이유다.

성공한 인생도 아닌 내가 책을 낸다는 것이 부끄럽기도

하고 졸저인지는 알지만, 내 아이들과 후배들이 부조리한 세상에서 행복에 한 걸음 다가서는 데 조금이나마 도움이 되었으면 하는 바람이다.

시작하는 말

부조리한 세상을 대하는 우리의 자세

1. **부조리란 무엇인가**
   1.1. 부조리한 세상(직장)에서 어떻게 살아야 하나
   1.2. 부조리의 정의와 대응
2. **행복이란 무엇인가**
   2.1. 행복의 유형
   2.2. 행복의 공식

1. 부조리란 무엇인가

1.1 부조리한 세상(직장)에서 어떻게 살아야 하나

 '정말로 진지한 철학적 문제는 오직 하나, 그것은 자살이다.'로 시작해서 '행복한 시지프를 상상하지 않을 수 없다.'로 끝나는 《시지프 신화》는 내가 가장 좋아하는 책이자 다독한 책이다. 종이책으로는 김화영 번역으로 전자책은 박언주 번역으로 도합 100번은 읽은듯하다.

 집과 도서관에서 수시로 종이책을 읽었고 지하철 이용, 병원 대기 등 자투리 시간만 나면 핸드폰으로 전자책을 읽은 지 10년이 넘었다. 왜 이토록 이 책에 집착하는 것일까?

처음에는 책이 어려워서 이해할 때까지 읽어야지 하는 마음이 있었다. '독서백편의자현(讀書百編義自見) – 백 번 읽으면 뜻이 저절로 통한다.'라고 하지 않았던가?

10년 전 50살, 지점장으로 승진한 이듬해쯤, '이렇게 살아가는 것이 맞는가? 앞으로 어떻게 살 것인가?'에 대한 의문(Big Question)이 생겼다.

마침 유튜브에서 연세대 김상근 교수의 단테 〈신곡〉 강연을 접하게 되었다. 단테가 〈신곡〉을 시작한 시점이 35살인데 "문득 뒤를 돌아보니 어두운 숲속에서 길을 잃고 있는 자신을 발견했다."고 했다. 길을 잃은 이유는 표범(욕망), 사자(권력), 암늑대(재물) 때문이라고 했다. 나도 그랬다. 50살이 주는 나이의 무게와 여러 걱정으로 길을 잃고 어둠 속에서 길을 헤매고 있었다.

옛날보다 생리학적으로 젊어져서 자기 나이에 70%를 곱해서 나온 숫자를 실제 나이라고 생각하라는 얘기를 듣고 곱해보니 단테와 같은 35살이다. 또한, 그 당시 수명이 70

세인 것을 감안하면, 35살은 인생의 절반에 온 시점이고 나도 100세 시대에 50살이면 인생의 반을 산 셈이다. 나머지 인생을 어떻게 살 것인가를 고민하고 있던 차에 그 해답을 책에서 구하기로 했다.

'왜 사는가? 어떻게 살아야 하나?'에 가장 고민을 많이 한 문인은 톨스토이와 카뮈인 것 같다. 톨스토이는 무의미하고 부조리한 세상에서 '어떻게 살 것인가?'라는 질문에 신이나 초월적 의미로 도피했기 때문에 내 의도와는 맞지 않은 반면에 카뮈는 부조리를 수용하고 삶 안에서 그 해결책을 모색했으므로 카뮈를 선택하게 되었다.

4~5년 지나 첫 책의 제목을 '부조리한 세상에서 행복하게 살아가기'로 정하고 나니 부조리와 행복의 지혜를 담은 《시지프 신화》를 다독하지 않을 수 없었고 카뮈와 관련된 책은 모두 읽게 되었다.

신들의 저주를 받은 시지프는 산꼭대기로 바위를 굴려 올린다. 그러면 바위는 다시 굴러 내린다. 시지프는 이 무의미한 노동을 영원히 계속해야 한다. 무한 반복되는 바위

올리기는 사뭇 직장인들의 반복적인 일상의 메타포(은유)다. 《시지프 신화》에는 이런 구절이 나온다.

'전차로 출근, 사무실 혹은 공장에서 보내는 네 시간, 식사, 전차, 네 시간의 노동, 식사, 수면 그리고 똑같은 리듬으로 반복되는 월, 화, 수, 목, 금, 토 이 행로는 대개의 경우 어렵지 않게 이어진다.'

그렇게 이어지던 일상에 출현하는 부조리의 징후는 '익숙한 무대 장치가 와르르 무너지는 것'으로 요약된다. 어느 날 문득 고개를 드는 '왜?'라는 의문 때문에 일상의 행위들이 줄줄이 끊어지고, 이 끊어진 사슬을 이어줄 의미의 고리를 결코 되찾을 수 없는 그런 상황이 발생하는 것이다.

출처 《시지프 신화》 알베르 카뮈 지음, 박언주 역자 해설

여느 때처럼 출근길, 전철을 기다리다 문득, '나는 어디로 가는 걸까? 이 길로 가는 것이 맞는 것일까?'라는 의문이 불현듯 떠오른다. 매주 월요일 8시에 열리는 지점장 회의에서 오늘따라 지점장의 잔소리가 심하다. 6개월간 고생

해서 KPI(Key Performance Index-영업점 평가지표) 실적 마감한 지 한 달도 안 됐는데 직원들이 지점장과 같은 간절함이 없다고 게거품을 문다. 다시 '내가 왜 여기 앉아 있지?' 하는 의문과 함께 실적 부진을 변명하고 있는 나 자신에게서 낯섦이라는 부조리를 느낀다.

세상에서 제일 말이 안 되는 얘기가 주인이 아닌데 주인의식을 가지라는 말이라고 했던가? 내가 지점장이 아닌데 어떻게 지점장과 같은 간절함을 갖겠냐고 소리치고 싶지만 꾹 참고 속으로 피식 웃고 만다.
〈개는 왜 짖는가〉, 〈황구의 비명〉 이 두 소설이 이 시점에 떠오르는 이유는 뭘까? 개는 지점장, 황구는 직원의 메타포다.

지점장은 KPI 실적을 올려서 본부장으로 승진하려는 생각 밖에는 없다 직원들은 단지 자신의 목적 달성을 위한 도구이자, 수단일 뿐이다.

미국의 철학자 조엘 파인버그는 〈부조리한 자기충족〉에

서 '시지프의 노동은 대개 부조리하다고 여겨지는데, 그 이유는 어떤 성과도 산출하지 못하는 무의미한 노동이라는 것에 있다.'고 한 반면에, 미국 철학자 리처드 테일러는 〈선과 악; 새로운 방향〉에서 '시지프를 견딜 수 없게 만드는 것은 바위의 무게나 작업의 반복성이 아니라 목적 없음'이라고 말했다.

출처 《인생의 모든 의미》 존 메설리 지음

20세기 제1, 2차 세계대전의 참혹함은 차치하더라도, 최근의 우크라이나-러시아 전쟁, 이스라엘-하마스 전쟁으로 무고한 민간인들이 죽어가는 참상은 도저히 납득할 수 없는 부조리다.

우리 사회 곳곳, 특히 정치인들의 부조리는 더 이상 얘깃거리도 안 된다. 직장에서는 사내 정치 세력들이 활개 치고, 노조와 내외부 백에 기생하려는 직원들로 가득하며, 묵묵히 일하는 직원은 바보가 되는 조직으로 전락한 지 오래다. "열심히 일해봤자 뭐 하냐?"는 자조 섞인 목소리가 점점 커진다.

본점 요직과 해외점포는 속칭 인노비(인사부, 노조, 비서실) 출신들의 차지다. 영업 일선의 무지렁이 소총수가 무슨 희망이 있겠는가? 이제는 MZ세대 직원들도 일보다는 여기저기 줄 서고, 줄 대기에 바쁘다.

목적 없는 우주, 의미 없는 삶, 침묵하는 신, 이런 부조리한 세상(직장)에서 어떻게 살아가야 하는 것일까? 열심히 일하고 선하게 사는 사람이 잘되도록 우주는 설계되지 않았고, 악을 응징하는 신도 부재하다는 사실을 먼저 받아들여야 한다.

우리를 겹겹이 에워싼 부조리의 벽을 인정하고, 포기하거나 도망가지 말고 명철한 의식으로 부조리를 직시하면서, 의미 있는 목표를 향해 한 걸음씩 전진하는 삶을 살아가기로 결심하자.

《시지프 신화》의 서문에서 인용한 핀다로스의 축가 '불멸의 삶을 꿈꾸지 말고 가능한 영역을 남김없이 소진하라.'는 말과 '삶이란 가장 잘 살아야 한다기보다는 가장 많이 살아야 한다.'는 카뮈의 말을 종합해 보면 '인생은 '잘 살아야 한다는 이상'에 얽매이지 말고, 가능한 많은 순간을, 가능한 깊이, 남김없이 살아내라.'라는 말일 것이다.

소진하는 삶이란 낭비하는 삶을 의미하지 않는다. **의미 있는 목표를 달성하기 위해 끊임없이 추구하고 모든 것을 거는 삶이다.**

쓰고 또 써나간 '가필의 제왕' 마르셀 프루스트의 삶이 그랬다.

마지막 8년 동안은 하루 종일 우유를 곁들인 진한 커피 한두 잔에 크루아상 하나만 먹을 뿐 다른 음식물은 거의 먹지 않고 쓰고 또 썼다.

그가 바랐던 문학의 거대한 사원을 건립하기 위해 끊임없이 수정하고 가필했다. 그의 육필 원고를 보면 수정 메모가 빽빽이 채워져 있고, 그것도 모자라 아코디언처럼 접어 붙인 가필 노트까지 덕지덕지 붙었다. 가장 긴 가필 노트는 무려 1m 40cm나 되었다고 한다. **작품을 끝내기 전에 죽을까 두려워했던 그는 원고를 끝내고 몇 달 뒤 완전히 소진한**

상태로 숨을 거두었다.

출처 《프루스트의 독서》 마르셀 프루스트 지음

《잃어버린 시간을 찾아서》 집필 기간은 13년, 프랑스 원서 기준 최대 4,300쪽, 민음사 번역본 기준 2,756쪽에 달한다.

출처 챗지피티, 예스24

박경리의 삶도 그랬다. 박경리는 《토지》 서문에서 다음과 같이 말했다.

> **어찌하여 빙벽에 걸린 자일처럼 내 삶은 이토록 팽팽해야만 하는가**
> **가중되는 망상의 무게 때문에 내 몸은 이토록 휘어들어야 하는가**
> **나는 주술에 걸린 죄인인가**
> 내게서 삶과 문학은 밀착되어 떨어질 줄 모르는, 징그러운 쌍두아였더란 말인가?
> 달리 할 일도 있었으려만, 다른 길을 갈 수도 있었으련만

전신에 엄습해 오는 통증과 급격한 시력의 감퇴, 밤낮으로 물고 늘어지는 치통과, 내 작업은 붕괴되어 가는 체력과의 맹렬한 투쟁이었다 정녕 이 육체적 고통에서 도망칠 수는 없을까?

《토지》의 집필 기간은 25년(1969년~1994년)이고, 다산책방 전집 기준 9,680쪽(출처-예스24)으로, 작가는 이 모든 고통과 1971년 암 수술을 이겨내고 삶 전체를 갈아 넣은《토지》라는 대작을 완성했다.

목적 없고, 부질없고, 반복적인 노동에도 불구하고《시지프 신화》의 마지막은 '행복한 시지프를 상상하지 않을 수 없다.'로 끝을 맺는다.

우리는 시지프와는 달리 대단한 목적은 아니더라도 가족을 부양하는 책임을 다하고 있고, 무엇을 할 것인가, 어떻게 살 것인가를 선택할 자유가 있으며 갓 내린 커피 한잔을 마시면서 음악을 듣는 소소한 행복의 순간을 누릴 수도 있으니 얼마나 행운인가?

1.2. 부조리의 정의와 대응

부조리 = 의미를 찾는 인간 ↔ 의미를 주지 않는 세계, 즉 부조리는 삶의 의미, 질서, 영원성을 갈망하는 인간과 의미를 주지 않는 세계의 침묵, 우연성, 무관심 사이의 충돌에서 발생한다. 카뮈는 부조리에 대응하는 세 가지 방법에 대해 평가한다.

첫째는 '육체적 자살'로 이는 부조리에 대한 합리적인 해결책이 아니라고 했다.

둘째는 초월적 의미로 도피 또는 신앙으로 도약하는 것으로 키르케고르, 셰스토프, 톨스토이가 취했던 '철학적 자살'을 의미하는데 이것도 해결책은 아니라고 봤다.

마지막으로는 카뮈는 삶의 무의미함을 부정하지 않고 부조리를 인정하며 명철한 의식으로 부조리에 반항하며 모든 것을 소진하는 삶을 살아야 한다는 해결책을 제시한다.

요약하면,

'희망이나 신, 그 어디에도 호소하지 않고 포기하거나 도

망가지 말고, 명철한 의식을 가지고, 삶 안에서 의미 있는 목표를 추구하며 스스로 삶의 의미를 만들어 가라.'는 말로 해석된다.

추천 도서

1. 《시지프 신화》 알베르 카뮈 지음, 김화영 번역
2. 《시지프 신화》 알베르 카뮈 지음, 박언주 번역
3. 《인생의 모든 의미》 존 메설리

2.
행복이란 무엇인가?

저마다 행복에 대해 얘기하지만 행복에 대한 정의는 제각각이다.

아리스토텔레스는 행복이 '심사숙고한 행동으로 표현된 영혼'이라고 했고, 프로이트는 행복은 곧 '일하고 사랑하는 것의 문제'라고 했으며, 스누피의 작가 찰스 슐츠는 '행복은 따뜻한 강아지(Happiness is a warm puppy)'라고 선언했다.

나는 행복에는 3가지 유형이 있다고 생각한다.

2.1. 행복의 유형

1) 감각적 행복(Hedonic Happiness)
- 맛있는 음식을 먹거나, 음악을 듣거나, 휴식을 취할 때 느끼는 쾌락과 즐거움
- 순간적이고 강렬하지만 지속성이 짧음
- 예시: 찰스 슐츠의 따뜻한 강아지, 무라카미 하루키의 소확행

2) 성취적 행복(Achievement Happiness)
- 목표를 이루거나 바라는 바를 성취할 때 느끼는 만족감
- 예시: 대학 합격, 취업 성공, 내 집 마련 등
- 뇌과학적 측면에서는 보상적인 도파민 분비로 생기는 기분 좋음

3) 의미적 행복(Meaningful Happiness)
- 삶의 의미, 목적을 느낄 때 오는 평온과 충만감
- 예시: 감사, 연민, 사랑, 남을 돕는 이타적인 행동

- 뇌과학적 측면에서는 전전두피질 활성화에서 오는 뿌듯하고 편안한 감정

감각적 행복은 가벼움으로, 의미적 행복은 무거움으로 다가온다. 밀란 쿤데라의 소설《참을 수 없는 존재의 가벼움》은 '인생을 가볍게 살 것인가, 무겁게 살 것인가.'라는 실존적인 질문을 던진다.

가벼움은 구속이 없고 자유롭지만, 흔적도 책임도 없기에 공허할 수 있고, 무거움은 책임과 의미를 지니지만, 삶을 무겁고 고통스럽게 만든다. 쿤데라는 이 둘의 가치에 대해 선악이나, 옳고 그름으로 판단하지 않았다. 단지 인간 존재의 운명적인 이중성이라고 생각했다.

'가벼움은 아름답지만 참을 수 없을 수도 있고, 무거움은 고귀하지만 짓누를 수도 있다.' 그러면 어쩌란 말인가?

쿤데라의 소설 속 인물들은 결코 완벽하지 않다. 사랑에 흔들리고, 결정에 후회하고, 삶에 괴로워한다. 하지만 불완전함 자체가 삶의 진실한 모습임을 보여준다.

'살며 사랑하고, 실수하고 고민하며 존재하라'는 의미가

아닐까? 감각적 행복은 사랑의 설렘, 좋은 날씨, 맛있는 음식, 섹스, 예술 감상처럼 즉각적이고 일시적 만족감을 주며, 본질적으로 가벼우며 흔적을 남기지 않는다.

이 소설의 사비나는 자유롭고 쾌락적이며 순간적인 행복을 추구한다. 그녀에게 행복은 가볍고 아름답고 즉각적인 것이다. 그러나 그 가벼움은 결국 공허로 이어진다.

의미적 행복은 사랑, 책임, 헌신, 일, 성장, 공동체 같은 심리적, 도덕적 무게를 동반하는 행복이다.

이 소설의 테레자는 육체적 쾌락보다 관계의 진정성, 의미, 책임을 중시하는 인물이다. 남편 토마시의 부정에도 불구하고 그와 함께하려 하고, 결국 두 사람은 서로의 무게를 받아들이게 된다. 그녀는 행복을 감정의 진정성과 결속감에서 찾는다.

쿤데라는 어느 하나를 절대화하지 않는다. 대신 이렇게 묻는다. '인간은 무게 없는 자유 속에서 살 수 있는가? 아니면 의미 있는 무게를 짊어지고 살아야 하는가?'

행복도 마찬가지로 감각적 행복과 의미적 행복의 가치에

대해 이분법적으로 옳고 그름으로 판단하지 않는다. '**의미적 행복의 무거움**'을 '**감각적 행복의 가벼움**'으로 중화할 수 있지 않을까? 이는 두 행복은 반드시 대립하는 것이 아니라, 서로를 보완할 수 있음을 의미한다. '존재의 무거움과 가벼움을'을 균형 잡아 살아가는 것이 실존의 기술이듯, 의미적 행복과 감각적 행복을 균형 잡아 살아가는 것이 행복의 기술이 아닐까?

2.2. 행복의 공식

1) 소냐 류보머스키의 행복 공식

행복 = 유전(50%) + 환경/조건(10%) + 의도적 활동(40%)

유전: 타고난 기질, 낙천성, 감정세팅 등

환경/조건: 소득, 직장, 건강 등

의도적 활동: 명상, 운동, 감사, 목표 설정 등으로 연습을 통해서 우리가 바꿀 수 있는(실천 가능한) 부분이다.

환경/조건이 행복의 수준을 10% 정도밖에 좌우하지 못한다는 것은 우리의 직관에 반하고, 내가 통제할 수 있는 것이 40%밖에 안 되냐고 실망할 수 있지만, 관점을 바꿔 남들과 비교해서 더 행복해지기보다는 어제의 나보다 더 행복해지는 것에 초점을 맞춘다면, 40%는 적은 비율이 아니다.

소냐 류보머스키는 의도적 활동을 통해 행복을 높일 수 있다고 강조하고, 의미 있는 목표 추구하기, 감사/친절 실천하기, 낙관주의 실천하기 등 12가지 행복 증진 전략을 제안한다.

출처 《How to be happy - 행복도 연습이 필요하다》 소냐 류보머스키 지음

2) 마틴 셀리그만의 PERMA 모델

이 모델은 긍정정서(Positive emotion), 몰입(Engagement), 관계(Relationship), 의미(Meaning), 성취(Accomplishment)의 5가지 핵심 요소로 구성되며, 5가지 핵심 요소의 첫 글자를 따서 'PERMA'라고 한다.

성격강점(Character Strengths: 나의 성격과 정체성, 가치관의 핵심을 이루는 강점)은 5가지 요소 전체의 기반이다.

출처 《베스트 인생목표 이루기》 캐롤라인 A. 밀러 지음

3) 동양에서의 행복 = 성취한 것(가진 것)/**욕망하는 것**(원하는 것)

행복을 올리려면 분자를 높이거나 분모를 낮춰야 한다. 부처님이 말씀하시는 것은 욕망을 없애라는 것이니 분모를 0에 수렴하도록 하는 것인데, 욕망은 인간의 본능이자 삶을 밀고 나가는 에너지이기 때문에 범인들이 마냥 줄이기는 어렵다.

이전에 행복의 유형에서 성취적 행복을 말했는데, 여기에는 쾌락적 쳇바퀴(Hedonic Treadmill)와 쾌락적 적응(Hedonic Adaptation)이라는 행복의 함정이 있다. 원하는 자동차를 사거나 승진을 하면 일시적으로 기분은 좋아지지만 곧 익숙해지고, 시간이 지나면 본래의 행복 수준으로 돌아가는 쾌락적 적응(Hedonic Adaptation)이 발생하고, 다시 더 큰 만족을 위한 더 좋은 차, 더 높은 곳으로의 승진을 원하게 된다. 즉 성취나 소유로 분자가 일시적으로 커지지만 이내 분모가 커져서 행복은 처음 수준으로 돌아온다. 이를 쾌락적 쳇바퀴(Hedonic Treadmill)라고 한다. 행복을 추구하고 성취를 위해, 다람쥐처럼 쳇바퀴를 계속 돌리지만 항상 제자리인 이유다. 더 행복하려면 분모인 욕망을 다 없애지는 못하더라도 최대한 줄이는 것이 중요한 이유다.

연세대 김주환 교수는 "내가 가지고 있는 것을 욕망하라."는 새로운 대안을 제시하기도 한다.

'이제 포근한 강아지를 껴안고 행복을 느끼는 시대는 지났다.'는 말로 감각적 행복을 폄하하기도 하지만, '행복은 강도(Intensity) 보다는 빈도(Frequency)가 중요하다.'라고도 한다.

자주 느끼는 소소한 즐거움은 스트레스나 불행한 순간을 중화하는 힘이 있다. 연구에 의하면 긍정:부정 정서 비율이 3:1 이상이면 더 행복하게 느낀다고 한다(로사다 비율).

출처 《내 안의 긍정을 춤추게 하라》 바버라 프리드릭슨 지음

사람들은 커다란 행복을 좇지만 자주 소소한 행복의 순간들이 우리의 삶을 지탱한다.

의미 있는 목표를 추구하는 과정에서 오는 행복 역시 중요하다. 해냄(Done, Achievement)에서 오는 보상적 행복도 중요하지만 하고 있음(Doing), 되고 있음(Becoming)에서 오는 자신에 대한 자부심이 더 중요할지도 모르겠다.

출처 《최고가 아니면 다 실패한 삶일까》 줄리언 바지니, 안토니아 마카로 지음

해냄까지의 긴 여정을 버틸 수 있게 해주는 것은 일상 속의 소소한 기쁨들인 것 같다. 감각적, 성취적, 의미적 행복은 대체재가 아닌 보완재일지도 모르겠다.

'부조리한 세상에서 행복하게 살아가기' 위한 11가지 방안을 아래와 같이 제시하고 구체적인 내용은 본문에서 설명하겠다.

1. 자기 자신 외에 상처 주는 이는 아무도 없다. 자신을 돌보고 사랑하라
2. 인생의 디폴트옵션을 행복으로 재설계하라
3. 근소한 우위(Slight Edge)를 확보하고, 복리효과(Compound Effect)를 활용하라
4. 의미 있는 목표를 세우고 헌신하는 삶을 살아라
5. 인생 포트폴리오를 설계하라
6. 나를 기쁘게 하는 것들에 시간과 주의를 더 투입하라
7. 도덕적, 윤리적으로 살아라
8. 1년에 50권의 책을 읽어라
9. 행복하고 싶다면 몸에 올인하라

10. 자주 웃고, 미소 짓고, 행복을 묵상하라
11. 불가피한 고통은 받아들이고, 의미를 발견하라

　자신의 정체성이나 개성에 맞는 '1가지' 또는 '소수의 전략'으로 2~3가지를 선택하여 실천하면 큰 효과가 있을 것이다.
　그 효과를 만들어 낼 수 있는 능력은 오직 자신만이 가지고 있으므로, 행복해지고 싶다면 스스로 먼저 행복해지겠다고 결심해야 한다.

출처 《How to be happy - 행복도 연습이 필요하다》 소냐 류보머스키 지음

　지금 갑작스러운 불행이나 고통 중에 있다면, '11. 불가피한 고통은 받아들이고, 의미를 발견하라'를 먼저 읽어라.
　편법을 쓰는 동료는 잘나가는데 정직하게 열심히 사는 나는 정체되었다고 느낄 때는 '7. 도덕적, 윤리적으로 살아라'를 먼저 읽기를 권한다.

추천 도서

1. 《How to be happy - 행복도 연습이 필요하다》 소냐 류보머스키
2. 《내 안의 긍정을 춤추게 하라》 바버라 프레드릭슨
3. 《인생의 모든 의미》 존 메설리
4. 《베스트 인생목표 이루기》 캐롤라인 A 밀러
5. 《최고가 아니면 다 실패한 삶일까》 줄리언 바지니, 안토니아 마카로

본문

1. 자기 자신 외에 상처 주는 이는 아무도 없다. 자신을 돌보고 사랑하라
2. 인생의 디폴트옵션을 행복으로 재설계하라
3. 근소한 우위(Slight Edge)를 확보하고, 복리효과(Compound Effect)를 활용하라
4. 의미 있는 목표를 세우고 헌신하는 삶을 살아라
   4.1 퇴직을 고민하는 후배들에게
5. 인생 포트폴리오를 설계하라
6. 나를 기쁘게 하는 것들에 시간과 주의를 더 투입하라
7. 도덕적, 윤리적으로 살아라
8. 1년에 50권의 책을 읽어라
9. 행복하고 싶다면 몸에 올인하라
10. 자주 웃고, 미소 짓고, 행복을 묵상하라
11. 불가피한 고통은 받아들이고, 의미를 발견하라

1.

자기 자신 외에
상처 주는 이는 아무도 없다.
자신을 돌보고 사랑하라

인생의 힘든 시기를 견디게 해준 문장을 만나본 적이 있는가? 나에게는 '자기 자신 외에 상처 주는 이는 아무도 없다.'라는 구절이 그것이다. 안젤름 그륀의 책 《너 자신을 아프게 하지 말라》에 나오는 노예 작가 에픽테토스의 말이다.

사건 + 해석/판단 = 상처 또는 내적 평온/내적 자유

'상처'는 외부에서 오는 것이 아니라 나의 해석, 판단에서 온다. 타인은 자극을 줄 수는 있지만, 그 자극을 상처로 채택할지 결정하는 것은 자기 자신이다. 상처를 허락하지 않으면 아무도 우리를 해칠 수 없다. 같은 외부 사건에 내 마음이 무너지는 상처를 받을 수도 있고, 외부에 휘둘리지 않는 내적 평온이나 내적 자유 상태를 유지할 수도 있다.

에픽테토스는 노예 출신으로 신체적 불편과 가난 속에서도 마음의 평온을 지켰다. 그는 '모욕, 불운, 배신은 단지 '사건'일 뿐이고 그것을 모욕, 불운, 비극으로 규정하는 판단은 우리의 마음에서 일어난다.'고 했다. 따라서 그 판단을 달리하면, 타인은 우리를 '상처 입히는 것처럼 보일 수' 있지만, 실제로는 '우리가 상처를 허락할 때'만 상처가 된다는 것이다.

에픽테토스 철학의 핵심은 '안으로의 자유, 밖으로는 불굴의 저항'이다. '내 힘으로 어떻게 할 수 있는 것'과 '내 힘으로 어떻게 할 수 없는 것'을 철저히 구분하는 것이다. 이 비유는 어떤 힘에도 굴복하거나 좌절하지 않는 내면의 자유를 말한다.

출처 《에픽테토스의 인생을 바라보는 지혜》 에픽테토스 지음 아우슈비츠 수용소에서 살아남은 정신과 의사이자 《빅터 프랭클의 죽음의 수용소에서》 저자 빅터 프랭클은 '자극과 반응 사이에는 공간이 있다. 그 공간에는 자신의 반응을 선택할 수 있는 자유와 힘이 있다. 그리고 우리의 반응에 우리의 성장과 행복이 있다.'고 말했다. 빅터 프랭클은 '인간은 불가피한 고통과 어려움을 경험하는 상황에서도 의미를 선택할 수 있는 자유가 있다.'고 말한다.

29살에 아우슈비츠 수용소에서 살해된 에티 힐레숨의 삶은 홀로코스트 시대의 가장 놀라운 이야기들 가운데 하나이다. 극단적인 야만의 시대 한복판에서, 모든 유대인들이 불안과 공포, 증오와 절망에 압도당하던 '신 없는 세상' 한복판에서, '내면의 신'을 발견하고 자기 비움과 자기희생의 근본적으로 변화된 삶을 통해 고결한 인간성과 구원의 길을 보여주었다.

출처 《에티 힐레숨》 패트릭 우드하우스 지음

에티 힐레숨은 일기에서 '본질적으로, 아무도 나를 해칠 수 없다.', '우리가 가진 유일한 도덕적 의무는 내 안의 평화를 점점 더 회복하는 것이다. 그리고 그 평화를 타인에게 비추는 것이다.', '하느님, 죽음, 고통, 영원… 이런 말들을 잊어라. 자라나는 곡식과 내리는 비처럼, 말없이 단순하게 존재하라.'고 말했다.

스토아 철학자이자 로마 황제인 마르쿠스 아우렐리우스는 '당신을 괴롭히는 것은 '사건'이 아니라 그 사건에 대한 당신의 생각이다.'라고 말했다. 황제로서 수많은 공격과 전쟁을 겪었지만 외부 사건은 '판단'이 붙기 전까지는 해롭지 않다고 여겼다.

모든 사건에 자신의 해석과 판단을 행복에 한 걸음 다가서는 쪽을 선택하라. 우리의 뇌는 우리의 생존과 번식에 유리한 쪽으로 세상을 왜곡한다고 한다. 우리의 뇌가 사건을 우리의 행복에 유리한 쪽으로 해석하게 할 수는 없을까? 그렇게 해석, 판단하려면 몇 가지 원칙이 필요하다.

첫째는 '통제 가능성 우선 원칙'으로 '이건 내가 바꿀 수 있는 일인가?'라는 질문을 스스로에 던져보는 것이다. 바꿀 수 있으면 행동 계획에 초점을 맞추고, 바꿀 수 없다면 수용에 초점을 둔다.

둘째는 '의도 최소 추정 원칙'으로 '내가 보는 의도가 정말 사실일까?'라는 질문을 던져보는 것이다. 타인의 행동을 곧바로 악의로 해석하지 않고, 상황, 성향, 오해 가능성을 먼저 고려하는 것이다. 기본적 귀인 오류(사람의 행동에는 구조적 여건, 절박한 상황, 판단 착오 등 여러 원인이 있을 수 있는데, 이런 원인 요소들을 무시하고 성격이나 동기 등 행위자의 내적특성만으로 돌리는 오류)를 줄이면 불필요한 상처를 줄일 수 있다.

셋째는 '현재 중심 원칙'으로 '이 생각이 나를 이 순간에 머물게 하는가, 과거에 붙잡아 두는가?'라는 질문을 던져보는 것이다. 과거 사건 재생(반추)은 줄이고 현재 선택과 경험에 집중한다.

넷째는 '전체성 보존의 법칙'으로 '이 사건이 나라는 존재 전체를 정의하는가?'라는 질문을 던져보자. 이 사건은 '내 경험의 일부일 뿐 나 전체가 아님'을 기억하자. 한 사건이 인간 전체성을 훼손하지 않는다.

다섯째는 '의미 재구성의 원칙'으로 '이 경험에서 어떤 가치나 배움을 찾을 수 있을까?'를 자문해 보자. 고통 속에서도 성장, 의미의 가능성을 탐색하여 의미를 찾는 순간, 고통은 변형된다.

출처 챗지피티

사건을 객관적으로 조명하며 '나는 최선을 다했고, 이를 통해 삶의 새로운 가치를 발견하게 되었다.'라고 사건을 재구성하면 상처가 아닌 내적 평온, 내적 자유의 씨앗이 될 수 있다.

> 좋을 때에는 세상에 우리만큼 행복한 사람은 없다고 생각해…. 그리고 매우 힘든 날이 오면, 힘들겠지만, 나만 힘든 게 아니라는 걸 생각해.

박웅현이 책 《여덟 단어》에서 결혼하는 후배에게 해준 말이다.

하이데거는 《존재와 시간》에서 인간 존재(Dasein)를 규정하는 핵심으로 'Sorge(배려, 돌봄)'를 언급한다.
인간은 물건처럼 그냥 'Sein(존재)'하는 것이 아니라, 무언가를 향해 돌보며 살아가는 존재다. 'Sorge(배려, 돌봄)'은 단지 타인을 돌보는 윤리적 행위일 뿐만 아니라, 삶 자체에 대한 태도를 의미한다.

하이데거의 철학에서 세계내적존재(In-der-Welt-sein)란 **인간 존재는 세상 바깥에 있는 관찰자가 아니라 이미 세계 안에 던져져서 살아가는 존재라는 개념으로, 세계와 분리된 나는 존재하지 않고, 세계와의 관계 속에서 존재한다는 의미다.**

이때 우리는 불안, 결핍, 실패, 고통을 겪게 된다. 바로 이러한 삶을 돌보는 태도가 하이데거의 'Sorge(배려, 돌봄)'이다.

그러나 우리는 자기 자신을 돌보는 일에는 소홀하다. 여기서 등장하는 것이 자기연민(Self-Compassion)으로 부족하고 모자란 자신의 모습을 받아들이고 그런 나와 함께 행복하게 살아갈 수 있도록 자기 스스로를 따뜻하게 안아주는 실천적 태도를 말한다.

출처 《내면소통》 김주환 지음, 유튜브 〈김주환의 내면소통〉 연민
―친절하고 따뜻해야 마음근력이 강해진다

100명이 똑같은 약을 처방받는 경우, 1/3은 아예 약국에도 들르지 않는다. 나머지 67명 중에 절반은 약을 받아 가기는 하지만 제대로 복용하지 않는다. 복용량을 지키지도 않고 예정보다 일찍 약을 끊는다. 약을 전혀 먹지 않는 사람도 있다. 집에서 기르는 강아지가 아프다면 다른 상황이 벌어진다. 당연히 강아지를 동물병원에 데리고 갈 것이고, 수의사에게 처방전을 받을 것이다. 그러고는 강아지에게 약을 꼬박꼬박 챙겨 먹일 것이다. 실력 있는 수의사인지 고민도 할 것이다.

출처 《12가지 인생의 법칙》 조던 피터슨 지음

우리는 자기 자신을 돌보는 일을 소홀히 한다. 그 이유는 무엇일까?

첫째, 타인의 고통은 소중하게, 나의 고통은 당연하게 여긴다.
둘째, 우리는 남을 위하는 법은 배우지만, 자기를 돌보는 법은 배우지 못했다.
셋째, 자기를 아끼는 것이 이기적이라고 착각하기 때문이다.

하지만 자기 자신을 소중히 하는 것이 타인을 더 사랑할 수 있는 시작점이다. 비행기에서 비상 상황 발생 시에 산소마스크도 '본인 먼저 착용하라.'고 한다. 그래야 가족이나 주위 사람들을 구할 수 있다. 자기 자신을 돌보는 연습은 시간이 걸리지만, 반드시 배워야 할 중요한 일이다.

출처 챗지피티, 유튜브 〈김주환의 내면소통〉 연민
- 친절하고 따뜻해야 마음근력이 강해진다

앞서 '부족하고 모자란 자신의 모습을 받아들이고 그런 나와 함께 행복하게 살아갈 수 있도록 자기 스스로를 따뜻하게 안아주는 실천적 태도가 자기연민(Self-Compassion)'이라고 했는데 이것은 시작점이라고 할 수도 있다. **힘들고 지친 나를 받아들이고 있는 그대로의 나를 사랑하고 돌보는 자기연민은 필요하지만, 이것 못지않게 중요한 것은 타인의 시선이 아닌 자신을 기준으로 사랑받을 만한 사람이 되기 위해 노력하는 것이다.**

출처 《최고가 아니면 다 실패한 삶일까》 줄리언 바지니, 안토니아 마카로 지음

병원에서 뇌종양 수술, 연이은 항암과 골수 이식수술로

지친 나는 병실에 누워 천장만 바라보면서 신세가 처량하다고 느꼈다.

매일 자기 전에 자기연민 명상(Self-Compassion Meditation)을 하면 마음이 편해지고 잠도 잘 왔다.

"**현아**(내 이름, 객관화 중요) 은행 30년, 계열사 3년, 33년 동안 고생 많았어. 조직생활과 권위주의를 그렇게 싫어하던 네가 가족 건사하느라고 얼마나 힘들었니, 이런저런 잘못된 선택과 실패도 있었지만, 그 정도의 실수는 누구나 하는 거 잖아? 그래도 이만한 게 얼마나 다행이니? 너를 위해 기도하고, 관심과 응원을 보내주는 가족과 친구들이 있으니 얼마나 행운이야?" 이렇게 스스로를 따뜻하게 다독여 준다.

여기에 루이스 L. 헤이의 책 《치유》에서 아이디어를 차용한 '있는 그대로의 지금의 나를 사랑한다.'라는 문장을 묵상한다. 과학적 근거는 없다지만, 만 번을 말하면 소원이 성취된다는 인디언의 격언을 믿기로 했다. 그래서 틈나는 대로 이 문장을 묵상했다.

지금 일어난 뇌종양, 혈액암은 지난 과거이자 나의 통제권 밖이고 내가 통제할 수 있는 것은 있는 그대로의 지금의 나를 사랑하는 것밖에는 없다고 생각하고 진심으로 묵상하니 몸과 마음이 편해지는 치유 효과가 나타났다.

퇴원하고 회복하는 이 시점에서 해야 할 일은 나 자신을 기준으로, 사랑받을 수 있는 사람이 되도록 노력하는 것이다. 위기, 고통, 절망 중에 있다면 있는 그대로의 지금의 나를 사랑하는 것이 중요하지만, 그런 상황에서 어느 정도 벗어났다면 '내가 바라는 나'가 되기 위한 노력도 병행되어야 한다.

윤주(딸 이름)야, 있는 그대로의 나를 사랑하는 것은 시작점이고, 그 뒤로도 해야 할 일들이 있어. 있는 그대로의 자신을 사랑하는 것도 매우 중요하지만, 타인의 시선이 아닌 나 자신을 기준으로 사랑받을 만한 사람이 되기 위해 노력하는 네가 되었으면 하는 바람이야.

추천 도서

1. 《너 자신을 아프게 하지 말라》 안젤름 그륀
2. 《12가지 인생의 법칙》 조던 B. 피터슨
4. 《내면소통》 김주환
5. 《치유》 루이스 L. 헤이
6. 《마음챙김》 샤우나 샤피로
7. 《최고가 아니면 다 실패한 삶일까》 줄리언 바지니, 안토니아 마카로

실천 사항

1. 부족하고 모자란 자신의 모습을 받아들이고 그런 나와 함께 행복하게 살아가는 자기연민(Self-Compassion) 실천하기
2. 고통 중에 있다면, 있는 그대로의 지금의 나를 사랑하기
3. 고통에서 어느 정도 벗어났다면, '내가 바라는 나'가 되기 위한 노력도 병행하기

2.

인생의 디폴트옵션을
행복으로 재설계하라

디폴트(Default)는 애초부터 설정되어 있는 기본 설정값이다. 핸드폰으로 예를 들면 제조사가 설정한 홈 화면, 벨 소리 등이 있는데 대부분은 이 최초 설정값을 변경하지 않고 그냥 사용한다.

익숙한 벨 소리가 울리면 여러 사람들이 동시에 주머니나 가방을 뒤진다. 핸드폰을 찾기 위함이다. 조금만 수고를 들여 핸드폰 벨 소리를 바꾸면 되는데 그렇게 하는 사람은 드물다.

윌리엄 새무엘슨과 리처드 잭하우저는 이것을 현상유지 편향(Status quo Bias)이라고 이름 붙였다.

출처 《넛지》 리처드 탈러, 캐스 선스타인 지음

대다수 대학교수들의 연금 프로그램인 TIAA-CREF의 가입자들이 평생에 걸쳐 자산배분에 대해 변경을 가하는 횟수는 평균 0회로 나타났다. 그보다 더 재미있는 것은, 기혼자들이 결혼 전에 해당 프로그램에 가입하면서 어머니를 수혜자로 등록해 놓고 그것조차 바꾸지 않는다는 사실이다.

출처 《넛지》 리처드 탈러, 캐스 선스타인 지음

퇴직연금 DC형이나, 변액보험에 가입하고 자산배분을 해본 경험은 대부분 없을 것이다. 나도 마찬가지다. 이런 타성이라는 허점을 구독서비스 제공 회사에서 이용한다. 6개월 무료서비스를 제공하고 7개월째부터 구독료를 청구한다고 유혹한다. 대신에 결제카드는 등록하라고 한다. 6개월 무료로 사용하고 해지해야지 하고 덜컥 가입하지만, 제때 해지하는 경우는 드물다. 귀찮아서 또는 깜빡하는 경우가 태반이고, 실행에 옮기려고 해도 회사는 해지하는 장소를 꼭꼭 숨겨놔서 해지하기도 만만치 않다.

타성의 또 다른 이름인 현상유지 편향에서 빠져나오기는 쉽지 않다.

사람들은 여러 가지 이유로 현상을 유지하거나, 디폴트 옵션(Default option: 지정하지 않으면 자동으로 선택되는 옵션, 즉 기본값)을 따르려는 강한 경향을 가진다.

상상일이(常想一二)라는 말이 있다. 대만의 문인 링친셴이 한 말로 '항상 한두 가지를 생각한다.'는 뜻이다.

살다 보면 뜻대로 안 되는 게 열에 여덟아홉이니, 뜻대로 되는 기분 좋은 일 한둘을 늘 생각하고 그 일을 넓혀나가면 삶이 즐겁지 않겠냐는 말이다.

출처 《나는 이렇게 될 것이다》 구본형 지음

자식이나, 배우자, 직원들이 내 뜻대로 되는 경우는 거의 없다. 그러니까 내 뜻대로 안 되는 것을 디폴트로 두면서, 내 뜻대로 안 되더라도 속상하지 말고, 가끔 내 뜻대로 되는 것이 있으면 고맙게 생각하면서 살면 조금은 더 행복에 가까워질 것 같다.

남자들이 자동차를 좋아하는 이유는, 그나마 내 마음대로 되는 유일한 것이 자동차이기 때문이다. 핸들을 왼쪽으로 돌리면 왼쪽으로 가고, 오른쪽으로 돌리면 오른쪽으로 간다. 가끔은 상냥한 목소리로 운전 조심하라고 걱정도 해 준다.

이 책을 쓰면서도 눈이 침침하다가 나을만하면 허리가 아프고 곧이어 목이 아프고 엉덩이에 종기가 생겨 짜증스럽다.

마음을 바꿔 한두 군데 아픈 곳이 있는 걸 디폴트로 두고, 어쩌다 안 아픈 날이 있으면 감사한 마음을 가졌더니 마음이 조금은 편해진 것 같다. 불교에서 수행 중에 나타나는 큰 장애를 이기는 수행법으로 중국 명나라 시대 묘협스님의 '보왕삼매론'이 있다.

수행법 10가지 중 첫 번째는 '몸에 병이 없기를 바라지 마라.'이고 두 번째는 '세상살이에 곤란함이 없기를 바라지 마라.'이고, 일곱 번째는 '남이 내 뜻대로 순종해 주기를 바라지 마라.'이다.

비슷하게 독일의 철학자 아르투어 쇼펜하우어는 '당신의

인생이 왜 힘들지 않아야 한다고 생각하십니까?'라고 반문한다. **'몸에 병에 있는 것', '세상살이에 곤란함이 있고 힘든 것', '남이 내 뜻대로 되지 않는 것'을 디폴트로 두기를 바란다. 그러면 낙담하고 실망하는 일이 줄어들 것이다.** 그리고 인생의 디폴트를 건강과 성장같이 삶에 유리한 쪽으로 재설정하면 행복에 한 걸음 더 가까워질 것이다.

먼저 작고 쉬운 것부터 바꿔 보자 핸드폰의 초기화면에서 불필요한 SNS 앱을 제거하거나, 제거하기 힘들다면 최대저항경로(Path of greatest resistance-어렵고 불편하게)로 설계하라. 즉 SNS 앱에 접속하려면 몇 번의 귀찮은 터치를 해야 하도록 최대한 불편한 곳에 위치하게 설정하고, 자동 로그인은 허용하지 않고, ID나 비밀번호를 길게 설정하는 등 접속을 최대한 불편하게 만들어라.

대신에 독서나 운동 앱 등은 초기화면에서 바로 접속 가능하게 배치하고, 자동 로그인을 허용하는 등 최소저항경로(Path of least resistance-쉽고 편리하게)로 설계하라.

집중을 방해하는 각종 푸시 알람을 모두 꺼놓고 직접 열어 보는 것으로 바꾸자. **나의 행복에 도움이 되는 것은 최소저항경로(Path of least resistance-쉽고 편리하게)로 설계하고 반대는 최대저항경로(Path of greatest resistance-어렵고 불편하게)로 설계하자.**

이제는 제삼자(관찰자)의 시선으로 나의 하루 일상의 디폴트를 점검해 보자 내가 무의식적이고 자동적으로 무엇을 하고 있는지를 점검하고 성장 혹은 행복에 가까워지는 쪽으로 재설계하자.

아침에 일어나서, 출근길에, 사무실에 도착해서, 자기 전의 행동을 하나씩 점검해 보자. 나는 시작하는 말에서 말한 것과 같이 출퇴근길에 지하철을 타면 무조건 핸드폰 전자책으로 《시지프 신화》를 읽는다. 유튜브 시청하는 것을 전자책 보는 것으로 바꾼 것이다. 처음에는 최소저항경로를 만들려고 지하철 타고 5분만 보는 것으로 시작해서 지금은 도착할 때까지 전자책을 본다. 일단 시작하면 관성의 법칙이 작용해서 계속하게 된다. 반복하다 보면 습관으로 자리 잡는다. 이런 나 스스로에게 뿌듯한 자부심과 성장하고 있다는 좋은 느낌을 보상으로 준다.

 습관의 3요소, 신호(지하철 탑승), 행동(전자책 보기), 보상(자부심, 성장)을 활용하라.

 출근해서 행동을 리뷰해 보니 업무 시작까지 인터벌이 꽤 길었다. 컴퓨터를 켜고 공문, 게시물, 이메일을 먼저 확인하고 미적거리다 보면 30분, 1시간이 후다닥 지나간다.
 포털에는 초기화면을 편집하는 기능이 있다. 공문, 게시물, 이메일은 스크롤을 내려야 볼 수 있도록 편집했다. 최대저항경로를 만든 것이다.
 그리고 출근해서 바로 업무에 집중해서 2시간의 덩어리 시간을 확보했다. 핸드폰도 보지 않고 전화도 하지 않고 업무에만 집중했다. 그 시간에는 제일 하기 싫고 어려운 일을 했다. 생산성이 획기적으로 향상됐다. 효과를 실감했기에, 계열사에서 전략기획부장으로 재직할 당시, 오전 9시부터 11시까지를 집중 근무시간으로 정해서 부서 간 이동, 전화 통화 등을 금지했다. 의욕을 가지고 시행했으나, 조직에 성공적으로 정착하지 못해서 많이 아쉬웠던 기억이 난다.

아침에 일어나서 자동적으로 하는 무의식적 행동들도 행복에 가까워지는 쪽으로 변경했다. '행복 아침 루틴'을 만든 것이다.

일어나면 세면하고 양치하고 따뜻한 물에 용융소금(1,000도 이상 고온에서 소금을 녹여내면서 불순물을 제거한 고품질 소금)을 조금 넣어 한 잔 마신다.
그리고 커피를 내린다. 하프 스쿼트 200개를 하고 명상을 30분 하고, 커피, 음악과 함께 독서를 1시간 하고 출근했다. 10년 넘게 하고 있는 아침 루틴이다.
이렇듯 자신의 하루 일상을 되돌아보고 건강과 성장에 도움이 되는 쪽으로 디폴트를 재설계해 보자.

'더 행복하려면 삶의 디폴트를 어떻게 설정해야 하나?'라는 것은 결국 '내 삶을 어떤 전제 위에서 출발하게 할 것인가.'의 문제이다. 디폴트는 우리가 의식하지 않을 때 자동적으로 흘러가는 방향을 결정한다. 따라서 삶의 디폴트는 큰 결단보다 오히려 '무심코 흘러갈 때 어디로 향하는가?'에 달려 있다. 정리하면 다음과 같다.

첫째, 부족(결핍)이 아니라 충분(감사)을 기본값으로 하는 것이다. '아직 부족하다.'는 생각보다는 '이미 나는 많은 것을 가지고 있다.'라는 태도를 기본값으로 설정하는 것이다.

둘째, 통제 밖(결과)이 아니라 통제 안(과정)을 기본값으로 하는 것이다. 결과 중심 디폴트는 변수가 많지만 과정은 내가 선택할 수 있는 통제 범위 안에 있다. '나는 오늘 최선을 다했다.'가 디폴트면 만족할 확률이 높다.

셋째, 외부 시선 기준이 아니라 자기 시선 기준을 기본값으로 하는 것이다. 남의 인정과 비교에 행복을 맡겨버리는 외부 시선 기준 디폴트보다는 자기 시선을 기준으로 디폴트를 세워두면, 외부 환경에 흔들리지 않는다.

출처 챗지피티

윤주야, 늦은 시간까지 SNS 하고 늦게 자고 늦게 일어나는 습관은 고쳤니? 요새는 출근하느라 늦잠은 못 자겠네! 세상살이가 팍팍하고 힘든 것을 디폴트로 설정하면 낙담하고 실망하는 일이 적어질 거야. '나만 힘들고 아픈 게 아니다.'라고 생각하면서 어려움을 견디고 강해지길 바란다. 너의 건강과 성장에 도움이 되는 '행복 아침 루틴'을 만들어서 실천하길 바란다.

추천 도서

1. 《넛지》 리처드 탈러, 캐스 선스타인
2. 《괴짜 천재 CEO 마크 큐반의 성공 다이어리》 마크 큐반

실천 사항

1. 핸드폰 디폴트 재설정하기
2. 세상살이에 곤란함이 있고 힘든 것을 디폴트로 두기
3. 하루 일상을 검토하고 디폴트옵션을 성장과 건강에 유리한 쪽으로 재설계하기(출근해서 바로 업무 집중하기, 행복 아침 루틴 만들기)

3.

근소한 우위(Slight Edge)를 확보하고 복리효과(Compound Effect)를 활용하라

1980년대에 'Competitive Edge(경쟁우위)'란 기업경영 용어가 유행했다. 앞에 'Sustainable'이라는 단어를 넣어서 'Sustainable Competitive Edge(지속 가능한 경쟁우위)'라는 말은 기업들이 광고나 사업계획에 단골로 사용하는 용어다. Edge는 원래 가장자리라는 뜻이지만 비유적으로 '우위', '이점'이란 뜻으로 쓰인다.

'Slight Edge'는 근소한, 작은 우위라는 뜻이다. 제프 올슨의 《슬라이트 엣지》라는 책이 있다. 저자는 **'슬라이트 엣**

지'가 하나의 사고방식이라고 설명한다. '일상생활 속의 작은 선택들을 통해 우리가 그토록 원하는, 성공하는 행복한 삶을 살 수 있다.'라고 말하고 있고, 《인생도 복리가 됩니다(Compound Effect)》의 저자 대런 하디는 《슬라이트 엣지》 추천사에서 '성공 여정은 한걸음에 성큼성큼 전진하는 것이 아니라, 종종걸음으로 조금씩 나아가는 것이다.'라고 말하고 있다.

근소한 차이가 어떤 결과를 초래하는지 예를 들어보겠다. 미국 MLB 선수 3할 타자의 평균 연봉은 US 4.2백만 불이고 2할 5푼 타자의 평균 연봉은 US 1백만 불로 US 3.2백만 불(한화 약 43억 원, 환율 1,350원 가정) 차이가 난다고 한다.

출처 챗지피티

한 경기에 평균 네 번 타석에 들어선다고 가정하면 경기당 안타 수는 0.2개 차이고 한 시즌 전체 경기 162경기로 환산하면 32.4개 차이다. 게임당 안타 수 0.2개의 근소한 차이가 연봉 US 3.2백만 불이라는 큰 차이를 만든다.

프로야구에 왼손타자 중에 고타율 선수가 많은 이유이고, 현역시절 양준혁 선수가 1루로 전력질주 하는 이유이기도 하다. 평범한 내야 땅볼을 치고 1루로 전력질주 하는 이유를 묻는 기자에게 양준혁 선수는 '죽을 줄 알면서도 최선을 다하면 행운이 온다.'고 대답했다.

'Think Big, Start Small'이라는 말이 있다 '생각은 크게 하고 시작은 작게 하라.'는 말이다. 뇌는 에너지 사용을 최소화하는 쪽으로 작동하고, 뭔가 새로운 일을 시작한다는 것은 에너지를 소모하는 것이기에 뇌가 저항한다. 힘든 일을 시작하려면 뇌의 저항이 더 심해지기 때문에 작게 시작하라는 것이다.

시작하고 나면 관성의 힘으로 계속하는 건 상대적으로 쉽다. 일을 수월하게 진행하려면 앞서도 말한 것과 같이 최소저항경로를 설계하는 하는 것이 중요하다. 여기에 자동화, 습관화와 같은 시스템적 환경을 만들면 더 좋다. 자동화의 예를 재테크로 들면, 연금 저축을 모바일로 가입해서 자동이체를 하고 나서 잊어버리고 있어도 월급이 들어오는 동안은 자동적으로 차곡차곡 돈이 쌓인다. 리스크를 어느 정도 허용하는 투자 성향이라면, 증권사나 카카오페이에서 하는 소액 자동 주식 투자를 추천한다.

《인생도 복리가 됩니다(Compound Effect)》에서 저자 대런 하디는 '작지만 현명한 선택 + 꾸준함 + 시간 = 엄청난 차이'라는 인생공식을 제시한다.

즉, 'Slight Edge'는 오늘의 '올바른 작은 선택'에 주목하고 'Compound Effect'는 그것이 쌓여 '시간의 복리 효과'를 만든다는 점을 강조한다.

〈토끼와 거북이〉라는 우화가 있다. 이 우화는 '자만하지 말라.'는 교훈을 넘어 '꾸준함이 재능을 이긴다.'는 깊은 통찰을 준다. 우리가 살면서 통제할 수 있는 몇 안 되는 것이 노력과 과정이다. 반대로 통제할 수 없는 것은 재능과 결과다. 인생을 대하는 우리의 자세는 한마디로 진인사대천명(盡人事待天命-사람이 할 수 있는 일을 다하고 하늘의 명을 기다린다. 즉 최선을 다한 후 결과를 겸허히 받아들이는 태도)이 아닌가 생각된다.

'사람은 1년에 할 수 있는 일은 과대평가하고, 10년 안에

할 수 있는 일은 과소평가한다.'고 한다. 작은 행동들이 긴 시간 동안 꾸준히 쌓이는 변화의 힘을 잘 보지 못하는 탓이다. 이는 욥기 8장 7절의 '네 시작은 미약하였으나 네 나중은 심히 창대하리라.'는 구절을 연상시킨다. 직장생활, 공부, 재테크 어디서든 '단기적 조급함을 버리고 장기적 누적의 힘을 믿으라.'는 말이다.

은행 재직 시 자수성가해서 큰 부를 이루신 거래처 사장님은 '지점장, 작은 돈을 아낄 줄 모르면, 큰돈을 모을 수 없다네.'라고 거듭 강조하셨다. 이는 단순한 절약의 조언을 넘어, 삶의 태도와 성장 방식에 대한 메시지를 담고 있다.

작은 습관이 큰 결과를 만든다는 원리와 절제와 자기통제 등 '자기관리의 중요성'을 말씀하신 것 같다.

시드머니(투자 시작 시 필요한 초기 자본)를 모을 때까지는 좀 찌질하게 살라고 한다. 내가 입사한 1989년에는 시드머니 기준이 5백만 원 정도였는데 지금은 5천만 원에서 1억 원 정도 될듯하다.

세계 제일의 투자 귀재이자 막대한 부를 이룬 워런 버핏이 94세에 은퇴하면서 남긴 조언은 '항상 검소하게 생활하세요.', '남들의 시선 때문에 사치를 부리지 말고, 공부를 멈추지 말고, 늘 감사하며 살아야 합니다.'였다.

눈덩이를 산꼭대기에서 굴린다고 했을 때 처음 눈덩이의 크기 차이가 복리 효과를 감안하면 수십 년 후 엄청난 차이가 난다. 소액을 매일 투자하는 것도 중요하지만 시드머니를 빨리 모으는 것도 이에 못지 않게 중요하다.

매일 담배 피우고 커피 마시는 대신 그 돈으로 매일 만 원씩 투자한다면 퇴직할 때는 제법 큰 돈이 되어 있을 것이다. 하루 만 원이라는 돈보다는 삶과 돈을 대하는 태도가 더 중요할 수도 있다. 젊었을 때는 워런 버핏의 조언처럼 남의 시선 때문에 사치를 부리지 말고 검소하게 사는 것이 중요하다.

복리의 마법은 시간의 힘이다.
일찍 시작할수록 최종 수령 금액은 기하급수적으로 늘어난다.

운동이나 공부도 마찬가지다. 매일 10페이지의 책을 읽거나, 스쿼트 10개 하기, 하루 10분 업무 공부하기는 처음에는 효과가 미미할지 모른다. **오랜 시간 누적효과로 엄청난 차이를 가져오는 것도 중요하지만, 매일의 작은 성취가 주는 자신감과 조금이라도 나아지고 있다는 느낌은 행복의 좋은 재료가 된다.**

지점장으로 재직 시, 신입사원이 들어오면 면담하면서 꼭 하는 말이 있다. 아침에 좀 일찍 출근해서 하루 10분씩 담당 업무를 공부하라는 것이다. 은행원들은 새로 입사하거나 담당 업무가 바뀌면 한두 달 반짝 공부하고 만다. 그다음은 Help Desk, 메신저에 등록된 사내 동료나 선배 등에게 의존하고, 꾸준히 공부하는 직원은 드물다. 하루 10분씩 공부하는 것이 누적된다면 복리 효과로 담당 업무 전문가가 될 수 있다고 장담한다.

학습에 있어서 또 하나 중요한 것은 결과보다 과정에 집중하고, 과정에서 즐거움을 찾는 것이다.

학습 동기에는 숙달 동기(Mastery Motivation)와 수행 동기

(Performance Motivation)가 있다. 숙달 동기란 어떤 과제를 더 잘 하고 싶고 더 높은 수준에 도달하고 싶은 내적인 욕구를 말한다. 보상이나 외부 평가(수행 동기) 때문이 아니라 자기 자신이 발전하는 과정 자체에서 기쁨을 느끼는 것이다. 타인과 비교하기보다는 어제의 나와 비교한다. 숙달 동기의 정수를 보여준 인물은 첼로의 거장 파블로 카잘스다.

그 당시에도 첼로의 거장이었던 카잘스가 90세가 넘어서도 매일 첼로 연습을 하는 것을 보고 의아해서 기자가 이유를 물었더니, "오늘 내 연주가 조금 나아진 것 같아."라고 대답했다. **단순한 겸손이 아니라 자신이 조금씩 나아지는 걸 느끼고 그것에서 기쁨을 얻는 태도다.** 아무쪼록 숙달 동기를 가지고 학습 과정에서 기쁨을 찾기 바란다. 작지만 좋은 선택에 시간이 더해진다면 담당 업무에 최고의 전문가가 될 것을 확신한다.

윤주야, "아빠, 싱가포르와 중국 친구들은 집이 엄청 부자인데도 만 원 조금 넘는 물건을 사는데 망설이고 여러 번 생각해서 사는 걸 보고 의아했어."라고 말했던 거 기억나니? '작은 돈을 아낄 줄 알아야 큰돈을 모을 수 있다.'는 말 명심해라. 그리고 디자인 공부하면서 남들하고 비교하지 말고 어제의 자신과 비교하고 카잘스처럼 조금씩 나아지는 것에서 기쁨을 찾길 바란다.

추천 도서

1. 《슬라이트 엣지》 제프 올슨
2. 《인생도 복리가 됩니다》 대런 하디
3. 《괴짜 천재 CEO 마크 큐반의 성공 다이어리》 마크 큐반

실천 사항

1. 연금상품 가입 및 자동이체 하기
2. 소액 주식 모으기 투자하기
3. 매일 10페이지 독서하기
4. 매일 스쿼트 10개 하기
5. 매일 10분씩 담당 업무 학습하기
6. 시드머니 장만할 때까지 검소하게 생활하기(스틱 커피 마시기, 담배 끊기 등)

4.
의미 있는 목표를 세우고 헌신하는 삶을 살아라

의미 있는 목표를 세우고 헌신하는 삶을 사는 것이 바람직한 이유는 다음과 같다.

첫째, 목표는 삶의 나침반 역할을 한다. 목표가 있으면 자원과 시간, 에너지가 한곳으로 모인다.

둘째, 도전적인 목표는 우리의 잠재력을 이끌어 내고 새로운 기술과 지식을 습득하게 한다.

셋째, 목표가 있으면 삶에 실재하는 고통을 견딜 수 있게 해준다. 몰입(Flow) 상태는 목표와 헌신이 결합될 때 가장 잘 나타난다.

넷째, 목표는 주로 긍정적인 감정과 연결되어 있다. 성장한다는 느낌 없이는 행복하기가 힘들다.

반면에 목표를 세우고 헌신하는 삶의 단점은 다음과 같다.

첫째, 미래의 목표를 위해 현재를 희생하는 삶은 소모적이라는 것이다. 미래의 목표에만 집중하다 보면 지금 이 순간을 놓치기 쉽다.

둘째, 목표에 지나치게 집착하는 것은 현재의 부족함과 결핍을 인정하는 것으로 자신이 지금 가지고 있고 누리고 있는 것들에 감사할 수 없게 되는 것이다. 목표 있음, 없음이라는 이분법적으로 접근하는 것보다는 목표를 가질 때의 장점을 극대화하고 단점은 최소화하는 전략을 짜는 것이 중요하다.

출처 《How to be happy - 행복도 연습이 필요하다》 소냐 류보머스키 지음

미래의 목표를 위해 현재를 희생하는 삶, 즉 만족지연(Delayed Gratification)은 단순히 현재를 희생하는 개념이 아니

라, 현재의 일부 즐거움을 미루고, 질서 있는 노력을 경주함으로써 더 크고 의미 있는 미래를 얻는 것에 가깝다.

무조건 '지금을 포기하고 나중에 행복'이 아니라 '지금의 무질서, 충동을 줄이고 질서 있는 노력으로 더 큰 가능성'을 확보하자는 것이다.

출처 챗지피티

목표의 무게 중심을 물질이나 돈이 아니라 가치나 의미에 두는 것이 선행되어야 하며, 동기의 출발점을 결핍 동기(Deficiency Motivation)가 아닌 성장 동기(Growth Motivation)에 두어야 한다. 결핍 동기는 '부족해서 채우려는' 동기라서 목표를 달성해도 곧 다른 결핍이 생기고 곧바로 다른 목표로 대체되는 심리적 과정인 목표 치환(Goal Substitution)이 발생한다.

출처 챗지피티

앞서 행복에서 언급한 쾌락적 쳇바퀴(Hedonic Treadmill) 현상이 목표 추구 과정에서도 비슷하게 나타나는 것이다.

나의 가치중심의 인생 목표는 '타인을 돕는 목표를 향해 몰입하고, 성장해 가는 삶'이다 나의 성격강점(나의 성격과 정체성, 가치관 핵심을 이루는 강점)인 학구열, 정직함, 자유로움과 꾸준함을 감안한 목표다. 몰입도가 가장 높을 때는 책 읽기와 글쓰기 할 때이고 그때 성장하고 있다는 느낌이 든다.

그래서 나와 직업적 목표는 '나와 타인의 성장을 돕는 글을 쓰는 작가'가 되는 것이다.

나는 삶의 영역을 7가지로 나누었는데, 참고하고, 본인 나름의 삶의 영역을 정해보자. 단, 7개는 넘지 않도록 하자.

1. 건강(Health)
2. 일(Work)
3. 가족/친구(Family/Friend)
4. 공부(Study)
5. 영성(Spirituality)
6. 돈(Money)
7. 놀이(Play)

여러 철학자들이 삶의 의미에 대해 말했지만, 나는 영국의 도덕 철학자 수잔 울프의 의미 있는 삶이란 '주관적 매력(Subjective Attraction)과 객관적 가치(Objective Value)가 만날 때 생긴다.'는 정의가 적절하다고 생각한다.

출처 《삶이란 무엇인가》 수잔 울프 지음, 챗지피티

주관적 매력이란 내가 그 활동에 몰입하고 사랑하고 헌신하는 상태이고, 객관적 가치는 그 활동이 사회적, 문화적 맥락에서 실제로 가치 있는 것. 이를테면, 참됨(眞), 좋음(善), 아름다움(美)과 같이 누구나 가치 있다고 생각하는 것을 말한다.
그리고 삶의 의미는 선험적(경험 이전에 존재하는 인식이나 원리)으로 주어지는 것이 아니고 내가 살아가면서 만들어 가는 것이다. 즉 '삶의 의미는 발견하는 것이 아니라 스스로 창조하는 것이다.'라는 뜻이다.

목표는 포괄적인 상위개념의 인생 목표(Life Goal)와 하위 목표로 삶의 영역별 목표로 구성된다.
인생 목표는 작가 되기 같은 구체적인 것보다는 가치 중심으로 세우는 것이 좋다.

  가치 중심의 인생 목표를 세우기가 막연하다면, 아래 2가지 질문을 스스로에게 해보자.

  '내가 죽으면 가족과 친구들에게 어떻게 기억되고 싶은가?'
  '나의 묘비명에 어떤 글이 새겨지기를 원하는가?'

  현재보다 끝을 기준으로 생각하게 만드는 질문으로 눈앞의 목표나 성취보다는 삶 전체의 방향을 보게 한다. 이렇게 죽음을 기준점으로 삼으면 본질적인 가치에 더 집중하게 되고, 외부 시선보다는 내가 남기고 싶은 유산에 집중하게 만든다.

  《그리스인 조르바》의 작가 니코스 카잔차키스의 묘비명은 '나는 아무것도 희망하지 않는다. 나는 아무것도 두려워하지 않는다. 나는 자유다.'이다. 멋진 묘비명이다. 의미 있는 목표를 세우고 달성하는 것도 중요하지만 그 과정의 중요성을 간과해서는 안 된다.

  전술한 바와 같이 해냄(Achievement, Done) 못지않게, 하고 있음Doing), 되고 있음(Becoming)에 초점을 맞춘 목표 설정이 필요하다. 해냄과 목표를 동일시한다면 목표를 달성한 후 공허해질 것이고 또 다른 목표를 세우고 그것을 달성하기 위해 노력하는 과정을 되풀이할 수밖에 없다.

그런 측면에서 카잔차키스의 말 '언젠가 목표에 도달하거나 닻을 내리거나 집에 도착하리라는 희망 없이 정직하고 용감하게 분투하기'에서 보듯 카잔차키스의 안식처는 추구 그 자체에 있었다. 그에게 삶의 의미는 추구와 몸부림에서 발견된다.

출처 《인생의 모든 의미》 존 메설리 지음

'방랑을 멈출 수 없으니, 나는 '인생'을 찌꺼기까지 마시련다. 쇠약해지긴 했어도, 애쓰고, 추구하고, 포기하지 않고 버텨낼 강한 의지력이 아직도 있다.'는 알프레드 테니슨의 시 〈율리시즈〉도 추구하고 모든 것을 소진하는 삶을 찬미한다.

목표를 향해 애쓰고 추구하고 분투하는 삶이 중요한 이유다.

4.1. 퇴직을 고민하는 후배들에게

은행 일이 적성에 맞지 않아 고민하는 후배들이 많은데, 나 역시 이런 고민을 먼저 한 선배로서 도움이 될까 하는 마음에서 몇 자 적어본다.

가장이라는 책임감으로 33년간의 직장생활과 2년간의 암 투병을 마치고, 더 이상의 재취업은 자의 반 타의 반으로 포기하고, 아직도 많이 부족하지만 마냥 미룰 수는 없어서 글 쓰는 작가의 길로 가기로 결정했다. 뒤늦은 감이 없지 않으나 지금이라도 내가 하고 싶은 일을 하게 된 것은 행운이다.

이런 이유로 아이들에게는 본인들이 좋아하고 원하는 것을 할 수 있도록 최대한 도와주기로 결심했다. 아이들이 학생일 때 공부 열심히 해서 좋은 대학 가라는 말은 한 번도 하지 않았고, 좋아하는 일을 하면서 사회에 보탬이 되는 사람이 되라고 했던 것 같다. 진심이었다.

아이들이 학교 다닐 때 성적표를 한 번도 본 적이 없다. 큰아들이 고3 봄쯤 연기를 하기 위해 진로를 연극영화과로 바꾸겠다고 해서 승낙했고, 딸내미는 대학교 관두고 디자인 공부하러 싱가포르로 유학간다고 했을 때, 은행 퇴직하고 넉넉지 않은 살림이었지만, 그러라고 했다. 본인이 하고 싶은 것을 하고 사는 삶을 응원해 주고 싶었다.

나의 중고등학교 시절 장래 희망은 레코드 가게 주인이었다. 돈도, 명예도 필요 없고 하루 종일 책 읽으면서 음악만 듣고 살아도 행복할 것 같았다. 대학교 와서는 섬진강 시인 김용택처럼 경치 좋은 시골이나 섬에서 시를 쓰면서 선생님을 하고 싶었다.
　조직이나 권위주의 같은 것은 경기를 일으킬 정도로 싫어하는 성격을 아는 친구들은 은행에 입사했을 때, 3개월 이상 다니면 손에 장을 지진다고 했다.

89년 입사 당시 은행은 선호 직장이 아니었다. 삼성생명에서 4학년 때 1년간 인턴(일주일에 1일, 전일 근무)을 하고 삼성계열사 입사가 보장된 상태에서 나는 한일은행을 선택했다.

주위에서는 의아해했지만, 당시 은행 문을 4시 반에 닫으면 일찍 퇴근할 것 같았고 삼성의 권위주의적인 기업문화가 성격에 맞지 않은 이유에서였다.

30년 은행 생활을 마친 기념으로 친구들과의 저녁 식사 중에 화장실에 다녀오니까 친구들이 다 일어서서 축하의 박수를 쳐주었다. 내 성격에 잘 참고 오래 버텨냈다는 의미일 것이다. 30년이란 세월은 결코 쉽지 않았다. 여러 번 사표를 냈었다(그중 기억나는 하나는, 1992년 인사부에 재직할 때 사표를 낸 것이다. 이유는 부서가 너무 권위주의적이고 군대 같은 분위기 때문이었다. 인사부장이 다른 직원들은 인사부에 오고 싶어서 안달인데 왜 관두냐며 회유하는 것을 뿌리치고 퇴직하겠다고 하니, 인사부에서 사표 처리는 안 되고 지점으로 발령을 낼 테니 거기서 퇴직하라고 했고, 다소 자유로운 분위기의 A 지점에서 직장생활을 이어갔다).

꽤 시간이 흘러서 2000년 초반쯤에 스트레스가 심해서 팀장한테 더 이상 못 다니겠다고 말하고 바로 퇴근해서 4일 정도 출근을 안 했다. 팀장은 이놈 잡아 오라고 집으로 직원 2명을 보냈다. 어린 아이들과 놀이터에서 놀고 있는 것을 보고 직원들은 아무 말 없이 돌아갔고, 나는 가장으로서 대안이 없어서 이튿날 출근했다. 관두겠다는 마음을 접은 것은 오십이 되고 나서다. 뒤늦게 철이 들어 가장의 무게를 실감하고 노후를 생각하게 된 탓이다. 그러니 직장생활은 행복하지 않았고, 상사와의 불화도 잦았다. 이 성격으로 지점장까지 승진한 것만 해도 행운이다.

본부장 승진은 꿈도 꾸지 않았고 퇴직하는 그날까지 지점장 생활을 열심히 하면서 퇴직 후 작가가 되기 위한 준비를 하기로 결심했다. 당장 글쓰기로는 가족을 부양할 실력이 안 되니 어쩔 수 없는 선택이었다. 매주 토요일, 일요일에는 서초 국립중앙도서관에 가서 책을 읽었다. 도서관에 들어서면 놀이터에 온 아이처럼 행복했다. 그리고 새벽에 일찍 일어나서 1시간 정도 책을 읽고 출근했다.

'가장은 힘들더라도 버텨야 한다. 나보다는 가족이 먼저다.'라고 많이들 얘기한다. 하루의 반 이상을 차지하는 시간을 자신의 감정과 욕망을 억누른 채 사는 삶은 결코 쉽지 않고, 몸과 마음에 병이 생기기 마련이다. 전술한 바와 같이 뇌종양으로 강북 삼성병원에 입원하고 나서 소식을 전하려고 누나한테 전화해서 "누나, 나 지금 어디 있는 줄 알아?" 하고 물어보니까 누나가 뭔가 안 좋은 분위기를 감지했는지 대뜸 "너 지금 정신병원이지?" 하고 물어왔다. 뇌종양으로 병원에 입원했다고 하니까 안도하는 목소리로 "뇌종양이라 다행(?)이다. 뇌종양은 암세포를 긁어내면 되지만, 정신병은 답도 없어."라고 했다. 누나하고는 연년생(나이는 1살 차이, 누나가 1월생이라 학년은 2년 차이)으로 어릴 적부터 무지 친했고, 내 성격을 잘 알고, 직장생활 등 애로사항을 서로 얘기하는 편이라 내 고민 대부분을 알고 있었다. 그만큼 적성에 맞지 않는 직장생활을 하고 있었다는 말이다.

적성에 맞지 않다고 무작정 직장을 박차고 나오는 것이 능사는 아니다. 다른 직장이든, 부업이든, 공부든, 개인사업이든 좋아하는 일이 가능성이 되어줄 때까지는 준비하면서 기다려야 한다. 어느 정도 가능성이 보이면 작게 테스트해 보는 것도 방법이다. 테스트가 성공적이라면 그때 퇴직해도 늦지 않다. 기업에서도 리스크 헷지나 사업 타당성 검토 차원에서 신규 사업을 시작하기 전에 Pilot Test(시범 사업)을 먼저 해보고 성공적이면 Roll Out(전면 확산)하는 방식을 많이 취한다.

직장이나 일을 선택하는 기준은 내가 좋아하는 것이냐, 잘하는 것이냐, 돈이 되는 것이냐 하는 3가지로 요약될 수 있다. 이 3가지가 모두 충족되는 일을 찾기란 쉽지 않다. 대부분 돈이 되는 것을 우선 선택한다. 하지만 본인 적성에 맞지 않는 일을 계속하는 것은 자신의 삶을 망가뜨리는 일이다. 가장들에게 왜 사냐고 물으면 '가족들 먹여 살리려고 산다.'라고 대부분 대답할 것이다. 돈벌이를 위해 마지못해 직장을 다니는 것이다.

행복을 연구하는 많은 심리학자들은 유능함(Competence), 자율성(Autonomy), 관계성(Relatedness)이라는 세 가지 욕구가 충족될 때 가장 충만한 행복을 느낀다고 한다.

자율성은 '내가 선택한 일을 하고 있다.'는 감각으로 누가 시켜서 억지로 하는 것이 아니라 내가 선택해서 하는 경우, 같은 일이라도 행복감이 높다고 한다. 하지만 직급이 높지 않은 이상 대부분의 일은 시켜서 하는 일이고, 자율성은 나의 통제권 밖에 있는 경우가 대부분이다.

유능함은 상대적으로 내가 통제 가능한 영역이다. 열심히 공부하고 노력해서 최대한 유능한 직원이 되라. 그러면 자존감이 올라가고 일이 좋아질 수도 있고 버티기도 한결 수월하다.

마지막으로 관계성은 누군가와 깊이 연결돼 있다는 느낌으로 행복의 중요한 조건이다. 카뮈의 《페스트》를 보면 페스트가 도시를 휩쓸 때, 사람들은 각자 살아남기 위해 이기적으로 행동하지만, 시간이 흐르면서 절망을 극복하는 길은 함께하는 것임을 깨닫는다. 행복은 **단순히 고통이 사라진 상태가 아니라 고통 속에서도 의미를 공유하고 나눌 수 있는 관계에서 피어난다.** 타인과의 연대는 행복의 새로운 가능성을 열어준다 '나만 힘든 게 아니구나.'라는 공감이 주는 심리적 안정과 '나는 혼자가 아니다.'라는 연대감이야말로 행복의 근본적인 원천이다.

우선, 부서나 지점 내에 마음이 맞는 동료 1~2명을 만들어서 매일 점심 식사만큼은 이 동료들하고만 하면서 수다 떨고 짧은 산책도 하고 커피 한잔을 하면서 오전의 스트레스를 풀고 오후 근무를 기분 좋게 시작해라. 이런 식으로 버텨보고, 안 되겠다 싶으면 그때 대안을 찾아도 늦지 않다. 나 같은 경우는 다른 직장으로 옮긴다거나 개인사업을 하겠다는 생각은 안 해봤고, 은행을 관두면 글 쓰는 작가가 되겠다는 생각을 계속 가졌다. 그러나 작가로서 생계를 유지할 만한 실력이 안 돼서 정년퇴직 때까지는 버티자고 생각했고, 은행 30년, 계열사 3년 더 다니고 암 투병 2년 하고 이제야 내가 하고 싶은 일을 하게 되었다.

은행원은 본부 특정부서 출신 빼고는 전문성이 떨어지고 치열함이나 전투력이 약해서 퇴직하고 다른 일을 해서 성공하는 케이스는 드물다. 요약하면, 적성에 맞지 않는다면 먼저 직장에서 최대한 유능한 직원이 되도록 노력해 보고, 직원들과의 인간관계를 돈독히 해서 최대한 버텨보고, 본인이 하고 싶은 일에 경쟁력이 생길 때까지는 참고 기다려라. 어느 정도 되겠다 싶으면 작게 테스트해 봐서 성공적이라면 그때 관둬도 늦지 않다. 가장 최악의 케이스는 상사한테 한 소리 듣고 충동적으로 사표를 던져버리는 호기를 부리는 것이다. 이렇게 관둬서 잘되는 경우는 더더욱 없다. 나중에 만나면 그 순간을 참지 못한 것에 대하여 뼈저리게 후회한다. 이런 실수를 방지하기 위해서는 본문 6번 내용 중 '상사나 상대방이 무시하거나 비난하는 말을 할 때는, 충동적으로 바로 반응(React)하지 말고, 한 템포 쉬고 심호흡하고 이성적인 대응(Respond)을 하겠다.'를 참조하라. '직장이 정글이면 밖은 지옥이다.'라는 말도 있지 않은가? 신중하고 철저한 준비 없이는 퇴직을 섣불리 결정하지 마라.

윤주야, 너의 인생 목표가 무엇인지는 모르겠지만, 아직 없다면 본문 내용을 참고해서 세우기 바란다. 인생 목표의 무게 중심을 물질이나 돈이 아니라 가치나 의미에 두는 것이 좋아. 막연하다면 '내가 죽으면 지인들에게 어떤 사람으로 기억되고 싶은가.'를 자문해 봐. 해냄(Done)과 목표를 동일시하지 말고 하고 있음(Doing), 되고 있음(Becoming) 같은 과정의 중요성도 간과하지 말길 바란다. 목표를 추구하는 과정에서 재미와 기쁨을 느끼고, 성장과 배움을 얻고, 목표를 달성하지 못하더라도 그 시간들이 의미 있게 느껴진다면 좋은 목표를 가진 거야. 카잔차키스의 말 '언젠가 목표에 도달하거나 닻을 내리거나 집에 도착하리라는 희망 없이 정직하고 용감하게 분투하기'와 같이 목표 달성보다는 추구 자체에 무게를 두길 바란다.

> **추천 도서**

1. 《그리스인 조르바》 니코스 카잔차키스
2. 《인생의 모든 의미》 존 메설리
3. 《삶이란 무엇인가》 수잔 울프

> **실천 사항**

1. 가치 중심의 인생 목표 만들기
2. 나의 관점에서 삶의 영역 정하기
3. 회사에서 유능한 직원이 되기를 노력하고, 충분한 대안이 생기기 전에는 사표를 내지 말기

5. 인생 포트폴리오를 설계하라

아래 7가지 영역들에 대해 인생 포트폴리오를 설계하기 바란다.

여기 7가지 영역은 나의 기준이고 본인이 중요하다고 생각하는 영역은 추가하고 중요하지 않은 영역은 빼라.

1. **건강**(Health)
2. **일**(Work)
3. **가족/친구**(Family/Friend)
4. **공부**(Study)

5. 영성(Spirituality)
6. 돈(Money)
7. 놀이(Play)

  인생 목표는 전술한 바와 같이 가치 중심으로 설계하는 것이 좋은 반면에 삶의 영역별 목표를 세울 때는 SMART 기법을 사용하면 유용하다. SMART는 다음의 5가지 요소의 약자다.
  '구체적이고(Specific), 측정 가능하며(Measurable), 달성 가능하고(Achievable), 관련성이 있고(Relevant), 기한이 있어야(Time-bound) 한다.'는 것이다. 그리고 삶의 영역별 목표는 상위 인생 목표와 정렬(Alignment)되어야 한다.

  올해는 책 출간이 중요한 목표라서 일이 2순위이지만 직장생활을 할 때는 가족/친구가 2순위, 일이 3순위였다. 시간을 할당하는 방법 중 하나는, 요일별로 1가지 영역을 배정하는 것이다.
  월요일, 화요일은 일, 수요일은 가족/친구, 금요일은 놀이, 토요일은 공부, 일요일은 영성, 이런 식이다. 주 초에 일을 열심히 해서 주 후반에는 여유를 가지려고 했다. 수요일은 직장에서 가정의 날로 일찍 퇴근하니까 가정에 충실하려고 했고, 금요일은 친구들과의 모임이 많아 놀이에 배정했으며, 토요일은 도서관에 가서 독서를 주로 했으므로 공부를 배정했다. 일요일은 영성의 날인데 잘 지켜지지 않았고 주로 도서관에 갔다. 돈은 특정 요일을 배정하지 않았고 반기에 한 번 정도 점검하였다.

삶의 영역 간에는 우선순위의 설정이 필요한데, 1~7번 순서가 올해 나의 우선순위이고 건강이 1순위다. 삶의 영역 간 충돌이 있을 때는 우선순위를 따르도록 해야 한다. 예를 들어 일 때문에 건강을 희생하면 안 되고, 돈이 아깝다고 가족/친구들과의 식사나 여행을 포기하면 안 된다.

윌 듀란트는 '**걱정은 잊고 태양에 감사하라. 만약 당신이 침대에서 일어날 수 있고 아침 식사를 소화할 수 있다면, 이 세상 수많은 사람들보다 훨씬 나은 상태다.**'라고 말했다. 건강한 사람들은 건강의 소중함을 간과하는 경우가 많다. 건강한 것만 해도 매우 감사한 일이다. 아프고 나니까 건강의 소중함을 피부로 절감한다. 우스갯소리로 걱정거리를 줄이는 가장 확실한 방법은 건강을 잃는 것이라고 한다. 건강할 때는 걱정거리가 수십 가지가 되지만 건강을 잃으면 걱정거리가 건강 하나로 줄어든다는 소리다.

재무 포트폴리오에서는 투자자산의 비중이 포트폴리오의 중요도를 나타내는 반면, 인생 포트폴리오는 양적으로는 투입하는 시간(Time), 질적으로는 그 영역에 기울이는 주의(Attention)가 중요도를 나타낸다. 시간과 주의는 모두 한정된 자원이기 때문이다.

재무 포트폴리오 설계 원칙 중에 '계란을 한 바구니에 담지 말라.'는 것은 여기에도 똑같이 적용된다. 어느 한 영역에 한정된 자원인 시간과 주의를 과도하게 할당하면 나머지 삶의 영역에 할당할 시간과 주의가 줄어들 수밖에 없기 때문이다. 투입(Input) 대비 산출(Output)을 최대화하는 효율성 법칙은 여기에도 적용된다.

속칭 잘나가는 지점장들을 보면, 하루 24시간 KPI 실적을 어떻게 올릴까 하는 생각뿐이고 승진을 위해서는 물불을 가리지 않는다. 모든 시간과 주의를 승진과 출세에만 집중한다.

이런 사람이 승진에서 누락되는 경우, 자괴감과 상실감으로 우울증에 빠지는 것을 많이 목격했다. 삶의 영역 중 일에 올인한 결과다. 계란을 한 바구니에 담지 말라는 원칙을 지키지 않은 탓이다.

또 하나의 원칙은 80:20 법칙이다. 80:20 법칙(일명 파레토의 법칙)은 이탈리아 경제학자 빌프레도 파레토가 당시 이탈리아 국민의 20%가 전체 부의 80%를 소유하고 있다는 사실을 발견하면서 이 이론의 기반을 세웠다. '지점 수익의 80%는 상위 20%의 고객으로부터 나온다.'도 그 예의 하나가 될 수 있다. 이것은 수학적인 정확한 비율이 아니라 경험적 통찰이다. 꼭 80:20이 아니고 70:30, 90:10일 수도 있다.

은행 업종은 90:10에 더 가깝다. 장황하게 얘기하는 이유는 삶의 영역별 목표는 상위 80% 수준을 목표로 하는 것이 바람직하다는 것을 말하기 위함이다.

80:20 법칙이 주는 또 다른 통찰은 80% 수준에서 20%

를 더 올리려면 20%의 노력이 아니라 80%의 노력이 더 필요하다는 것이다.

각종 국가고시 시험을 본다고 가정했을 때, 올해 불합격해서 내년에 합격을 목표로 한다고 해보자. 올해 A과목 점수가 80점이고 B과목 점수가 60점이라면, A과목 점수를 80점에서 100점으로 올리는 것보다는 B과목의 점수를 60점에서 80점으로 올리는 게 훨씬 수월하다.

국가고시에서는 과락제도를 채택하고 있는데 과락점수(평균점수가 높더라도 한 과목이라도 과락점수 미만이면 불합격되는 점수)는 국가고시 대부분 40점이다.

인생의 영역별 목표를 정할 때도 위로는 80%를 초과하지 않게, 아래로는 40% 미만으로 떨어지지 않도록 관리해야 한다(Max 80%, Min 40%).

목표에 헌신하라는 말과 모순되는 것은 아닌가? 하는 의구심이 들지도 모르겠다. 목표의 노예가 되는 삶을 경계하기 위함이다. 목표의 역기능인 자신에 대한 학대, 끝도 없는 훈련과 학습 과정은 우리를 숨 막히게 압박하고 번아웃의 위험성도 있다. 목표의 노예화를 피하는 전략으로는 목표를 우리 삶을 풍요롭게 하는 하나의 수단으로 규정하기, 목표를 추구하는 과정에서 즐거움 찾기, 하나의 목표에 올인하지 않고 다양한 영역에 분산하기, 외부 보상이나 인정, 비교우위를 추구하는 외재적 목표보다는 그 활동이나 성취 자체에서 의미나 만족을 느끼는 내재적 목표 추구하기 등이 있다.

출처 《최고가 아니면 다 실패한 삶일까》 줄리언 바지니, 안토니아 마카로 지음, 챗지피티

'Max 80%, Min 40%'는 모든 분야에 다 적용되는 것은 아니다. 예술, 스포츠, 연구 분야 등 탁월성을 추구하는 분야는 Max 100%를 위해 헌신하는 삶이 옳을 수도 있다. 평범한 직장인이라면 'Max 80%, Min 40%'가 행복에 가까워지는 목표 관리 방식이라는 의미다. 나의 목표를 예를 들어 설명하면 전술한 바와 같이 나의 가치중심의 인생 목표는 '타인을 돕는 목표를 향해 몰입하고, 성장해 가는 삶'이다. 나의 성격강점(나의 성격과 정체성, 가치관의 핵심을 이루는 강점)인 학구열, 정직함, 자유로움과 꾸준함을 감안한 목표다.

그래서 나와 직업적 목표는 '나와 타인의 성장을 돕는 글

을 쓰는 작가가 되는 것'이다. 글을 쓰는 작가가 되는 것은 '타인을 돕는 목표를 향해 몰입하고, 성장해 가는 삶'이라는 인생 목표를 위한 하나의 수단이다.

그리고 글쓰기를 할 때 몰입도가 가장 높고 그때 성장하고 있다는 느낌이 든다. 작가 되기에 올인하지 않고 삶의 영역별로 목표를 정하고 실행하고 있다. 다양한 영역에 자원을 분산하고 있다. 책이 좋은 평가를 받거나 많이 팔리면 좋겠지만 그것에 연연하지 않는다. 책이 폭망하더라도 책 출간을 위해서 몰입하고 최선을 다했고, 추구하는 과정에서 기쁨을 느끼고 성장했다면 그것으로 만족이다.

'Max 80%, Min 40%'의 관점에서 은행을 예로 든다면 직업적 목표는 지점장을 목표로 정하는 것이 바람직하다. 지점장으로 승진하는 것은 나의 통제권, 즉 내가 열심히 노력하면 가능한 직위다. 본부장 이상으로 승진하려면 정상적인 노력 외에 백이나 나의 통제 밖에 있는 행운이 필요하다. 본부장으로 승진하려고 무리하다가 규정 위반, 법률 위반을 하는 경우도 비일비재하다.

시험에서 40점 이상의 점수를 따는 것은 그 과목을 포기하지만 않는다면 그렇게 힘들지 않다. 은행에서도 마찬가지로 상사를 들이받거나 영업을 포기하지만 않는다면 40% 미만으로 떨어지지는 않는다. 40% 미만으로 떨어지면 후배들 밑에서 일하게 되는 불상사가 생긴다. 삶의 다른 영역, 예를 들어 건강하고 돈이 많고 가족, 친구 간의 관계가 돈독하다고 하더라도 하루의 가장 긴 시간을 보내는 직장생활은 행복하지 않을 것이다.

돈의 경우를 예로 들면 프린스턴 대학의 심리학자 대니얼 카너먼과 경제학자 앵거슨 디턴은 미국의 수많은 데이터를 분석한 끝에 연봉 미화 7만 5천 불까지는 연봉 증가에 따라 행복도 증가하지만 연봉 미화 7만 5천 불을 초과하면 행복은 더 이상 연봉 증가에 비례해서 증가하지 않는다는 결론을 내렸다. 한국에서는 연봉 1억 원이 초과하면 연봉 증가에 비례해서 행복이 늘어나지 않는다.

출처 챗지피티

1억 원이 넘으면 한계수확체감의 법칙(Law of Diminishing Marginal Returns―즉, 생산요소(노동, 자본 등) 중 하나만 늘어날 때, 일정 시점 이후부터는 그 요소의 산출량 증가분(한계수확)이 점점 줄어든다는 법칙)이 적용된다. 투입량(시간, 주의)만큼 산출량(행복)이 비례해서 늘지 않는다는 것이다.

다시 말하면 삶의 영역별 자신의 위치(정량적 수치는 아니더라도)를 파악하고, 80%가 넘는 영역에 추가적인 자원(시간, 주의) 투입은 비효율적이라는 말이 된다. 행복의 척도가 삶의 영역별 점수의 합계라고 한다면, 80% 미만의 삶의 영역에 시간과 주의를 투입하는 것이 더 효율적이라는 뜻이다.

나태주의 시 〈풀꽃 1〉에는 '자세히 보아야(주의) 예쁘다. 오래 보아야(시간) 사랑스럽다'라는 구절이 나온다. 작가는 주의와 시간의 중요성을 얘기하는 것 같다. 인생의 시기마다 투입 자원(시간, 주의)의 비중이 바뀌는 것이 정상이다. 사회 초년생이라면 일이, 나이가 들어가면서 건강, 놀이, 영성 영역의 비중이 높아질 것이다.

재무설계에서 6개월이나 1년에 한 번씩 리밸런싱(Rebalancing-비중조절)을 하듯이 인생 포트폴리오도 6개월이나 1년에 한 번씩 정기적인 리밸런싱이 필요하다.

아래 내용은 연세대 김주환 교수의 유튜브 영상 자기확언 (Self-Affirmation)과 미국 스탠퍼드 대학의 제프리 코헨 (Geoffrey L. Cohen) 교수의 자기확언(Self-Affirmation) 글쓰기를 참조하여 내 방식으로 변경한 예시다. 포트폴리오 설계 요령과 방법을 예시로 들면서 설명하겠다. 삶의 영역별로 2025년 1년간의 목표와 이유, 실행방안을 짰다.

1) 건강
  1.1) 목표

  25년 4월(항암 종료 2년 10개월), 머리 MRI 검사와 혈액검사 주요 항목(혈소판수, 백혈구수, 혈당, 간 기능, 신장 기능, 콜레스테롤) 정상범위 유지

  25년 10월(항암 종료 3년 4개월), 머리 MRI 검사와 혈액검사 주요 항목(혈소판수, 백혈구수, 혈당, 간 기능, 신장 기능, 콜레스테롤) 정상범위 유지

  하체 근육량 늘리기
  1.2) 이유

암 재발, 전이 방지 및 기초체력 향상

1.3) 실행방안

  a. 안 하기(음식, 수면)

커피 안 마시기 (O), 담배는 끊은 지 20년, 술은 안 마신 지 3년 경과

  b. 줄이기(음식, 수면)

빵, 가공육, 튀김류, 라면 등 면류 (O)

  c. 늘리기(음식, 수면)

단백질(두부, 계란), 채소, 과일 (O)

수면시간 7시간 이상, (O)

  d. 대체하기(음식, 수면)

커피 → 캐모마일, 탄산음료 → 서리태 두유 (O), 달달한 빵 → 호밀빵 (O)

  e. 새로 시작하기(음식, 수면)

간헐적 단식(전일 저녁 식사 후 익일 첫 식사까지 16시간 이상 공복 유지) (O)

수면 – 11시 전에 잠자리 들기 (X)

  a. 안 하기(운동, 명상)

요가(무릎, 허리 이상) (O)

b. 줄이기(운동, 명상)

걷기(하루 1만 7천 보 → 1만 2천 보) (O)

c. 늘리기(운동, 명상)

참선호흡 한 호흡 길이(20초 → 30초) (O)

하프 스쿼트(200회 → 300회) (O)

발끝치기(1,500회 → 2,000회) (O)

뒤꿈치 들기 (70회 → 100회) (O)

d. 새로 시작하기(운동, 명상)

도리도리 명상(고개를 좌우로 가볍게 돌리면서 묵상) (O)

10층 이상 계단 오르기 (X)

2) 가족/친구

2.1) 목표

가족/절친들과의 관계 돈독히 하기

불편한 친구 손절하기

2.2) 이유

관계의 넓이보다는 깊이에 초점 맞추기

2.3) 실행방안

a. 카카오톡 친구 100명 이내로 유지, 나머지는 숨김

친구로 관리하기(O)

b. 가족/절친 외 모임 줄이기 (O)

c. 가족과 연 1회 해외여행 하기 (X)

d. 절친과 연 1회 국내여행 하기 (X)

3) 일

3.1) 목표

2026년 1월 말까지 첫 책 출간하기

3.2) 이유

나의 인생 제1 목표 달성하기

3.3) 실행방안

a. 2025년 5/31 목차, Key Message, 초벌 완료 (O)

b. 2025년 9/10 초고 완료 (O)

c. 2025년 10/10 퇴고 완료

d. 2025년 11/10 탈고 완료(출판사와 협의)

e. 2026년 1/10 출간 완료(출판사와 협의)

4) 공부

4.1) 목표

첫 책 출간과 관련된 독서에 집중하기

4.2) 이유

첫 책 출간 납기 준수 및 품질 향상

4.3) 실행방안

   a. 출간 책 인용도서 숙독 (O)

   b. 몸철학, 뇌과학 공부 (O)

김주환, 메를로퐁티, 안토니오 다마지오 저서 읽기 및 유튜브 시청하기

5) 영성

5.1) 목표

영적, 도덕적으로 성숙한 사람 되기

5.2) 이유

건강 회복, 몸과 마음의 치유

5.3) 실행방안

   a. 매일 성경 또는 영적 도서 30분 읽기 (X)

   b. 교회 다니기 (X)

   c. 매일 30분 명상, 묵상하기 (O)

6) 돈

6.1) 목표

지출 줄이고 소액 투자하기

6.2) 이유

고정수입 부족

지출 감소분 투자 활용

6.3) 실행방안

    a. MS Office, 멜론 외 구독서비스 해지 (O)

    b. 보험 정리 (O)

    c. 모임 회비 정리 (O)

    d. 신용카드 사용 줄이고 체크카드 사용하기 (O)

    e. 카카오페이 소액 주식 자동투자 (O)

7) 놀이

7.1) 목표

휴식과 놀이를 통한 충전, 불필요한 놀이 시간 줄이기

7.2) 이유

번아웃과 스트레스 방지 및 책 쓰는 시간 늘리기

7.3) 실행방안

a. 일주일에 하루(일요일)는 온전히 쉬기 (X)
b. 프로야구 시청 안 하기 (O)
c. 월 1회 친구들과 당구, 탁구 치기 (O)

2025년 9월 10일 기준 진척 상황
완료(O) 28/35, 80.0% 완료, 미완료(X) 7/35, 20.0% 미완료

올 초에 세운 목표 실행 결과가 놀라울 뿐이다. 목표와 자기확언(Self-Affirmation)의 힘을 절감한다. 특히 책 쓰기는 몇 년간 생각만 하고 미적미적했는데, 구체적인 방안을 가지고 실행하니 결과가 빠르게 나온 것 같다. '데드라인이 정해져야 꿈이 목표가 된다.', '목표를 글로 적어야 현실이 된다.'는 말의 위력을 실감했다.

윤주야, 삶의 영역별로 목표와 구체적인 실행방안을 만들어서 실천해 보면 그 효과에 놀랄 거야.
아빠는 올해 각 영역별로 여러 가지 목표를 세웠고, 특히

건강과 책 쓰기에 우선순위를 두니까 놀라울 정도로 달성한 게 많아. 특히 아빠 첫 책이 빠르면 올해 안에 나올 것 같아.

데드라인 없이 몇 년을 미루다가 드디어 꿈을 이루는 것 같다. 책 표지 디자인 멋지게 해줘서 고맙다.

너도 인생 목표를 세우고, 삶의 영역별 목표와 구체적인 실행방안을 만들어서 실천하길 바란다. 다이어트 목표만 세우지 말고!

추천 도서

1. 《80/20 법칙》 리처드 코치
2. 《내가 왜 계속 살아야 합니까》 윌 듀란트
3. 《와튼 스쿨에서 배우는 베스트 인생목표 이루기》 캐롤라인 A. 밀러, 마이클 프리슈

실천 사항

1. 주요 인생 영역별로 목표, 실행방안 만들기
2. 주기적인 진척 상황 리뷰하기(최소 1년에 한 번)
3. 나의 성격강점 찾아서 목표에 반영하기

6.
나를 기쁘게 하는 것들에 시간과 주의를 더 투입하라

학창시절 교과서에 '울고 있는 아이들의 모습은 우리를 슬프게 한다.'로 시작되는 안톤 슈낙의 〈우리를 슬프게 하는 것들〉이라는 수필이 있었다.

같은 책에서 우리를 기쁘게 하는 것들이라고 명시적으로 표현하지는 않았지만 '9월의 어느 날 밤, 투명한 정적 속으로 한 알의 사과가 툭 떨어지는 소리는 쾌적하게 울려온다. 이튿날 아침 풀밭에서 그 열매를 찾다가 눈에 띄었을 때의 기쁨이란!'이란 구절이 나온다.

행복에 한 걸음 다가가기 위한 방법 중 하나는 나를 기쁘게 하는 것들에 투입하는 시간과 주의를 늘리고, 나를 불쾌하게/화나게 하는 것들에 시간과 주의를 줄이고, 그 순간에 어떻게 대처할 것인가를 미리 준비해 두는 것이다.

아래는 나의 예시이다.

나를 기쁘게 하는 것들

독서(좋아하는 작가의 책을 몰입해서 읽을 때, 좋은 문장을 만났을 때)

음악(좋아하는 음악을 음미하면서 들을 때, 감동을 주는 곡, 뮤지션을 만났을 때)

글쓰기(문맥에 딱 맞는 문장이나 단어가 떠올랐을 때)

만개한 벚꽃길이나 풀내음 가득한 산책길을 걸을 때

좋아하는 사람들과 밥 먹고 커피 마실 때

나를 불쾌하게/화나게 하는 것들

후회, 자책감 등 부정적인 생각이 떠오를 때

집사람이 사소한 일로 잔소리할 때

상사나 상대방이 무시하거나 비난하는 말을 할 때

몸에서 각종 이상 신호가 올 때

상대편 자동차가 무리하게 끼어들 때

나는 감동, 울림, 떨림의 순간을 제일 좋아하는데 그것이 시와 음악일 때가 제일 많다.

나를 행복하게 해주는 시를 소개한다.
먼저 최승자 시인의 〈20년 후에, 지(芝)에게〉, 〈그리하여 어느 날, 사랑이여〉, 〈삼십 세〉, 〈일찍이 나는〉, 〈기억하는가〉는 꼭 읽어보길 권한다.
김재진 작가의 〈사랑할 날이 얼마나 남았을까?〉와 라이너 쿤체의 〈당부, 그대 발치에〉도 감동을 주는 시이다.

책 이야기는 '8. 1년에 50권의 책을 읽어라'에서 자세히 이야기하기로 하고 나를 기쁘게 하는 음악 얘기를 하겠다.

나를 키운 8할은 책이고 2할은 음악이다. 반면에 나를 행복하게 해준 8할은 음악이고 2할은 책이다.

2022년 2월 7일, 죽을 수도 있는 뇌종양 수술을 앞두고

죽기 전에 마지막으로 들을 음악을 선곡하느라 분주했다.

처음에는 Led Zeppelin의 〈Stairway to heaven〉을 선택했다가 막판에 〈베토벤 피아노 협주곡 5번 황제 2악장〉을 듣기로 결정하고 짐머만(Zimerman)과 엘렌 그리모(Helene Grimaud) 중 누구의 연주로 들을까 고민하다 짐머만 연주로 결정했다. 수술 들어가기 전에 병실에서 이어폰으로 듣는데 그날따라 피아노 음 하나하나가 울림을 주고, 시간이 멈추고 평온함이 온몸을 감싼다. 두려움은 사라지고 잠시 행복감을 느낀다.

수술 전후, 마취 중에도 희미하게 같은 피아노 음악이 흘러나와서 '이 곡이 뭐지?' 하는 궁금증이 발동했다. 중환자실에서도 똑같은 음악이 나와서 극심한 통증에 몸도 가누지 못하면서 간호사에게 이 곡이 뭐냐고 물어보니까 어이없어하는 표정을 지으며, 〈그해 우리는(Our Beloved Summer)〉 OST 피아노곡이라고 한다. 지금도 자주 듣는 곡이다.

마지막 항암을 세게 할 예정이고 면역력의 큰 저하가 예상되어 무균실에 열흘 정도 있어야 한다는 의사의 말에 한동안 잊고 지냈던 Cream의 곡 〈White Room(무균실)〉을 유튜브에서 찾아 들었다.

삶과 죽음의 기로에서도, 극심한 통증 중에도 음악이 있으면 행복했다. 음악을 좋아한다면 음악 듣는 시간을 늘리고 주의를 기울여서 들어라.

나는 Hard Rock을 좋아한다. 좋은 곡이 있으면 악기별로 분해해서 주의를 기울여 듣는다. 주의를 안 기울이면 주로 보컬과 기타 소리가 들린다. 조금 더 주의를 기울이면 드럼 소리가 들리고, 아주 몰두해서 들으면 마지막으로 묵직한 베이스 기타 소리가 들린다(물론 곡에 따라 차이는 있다).

나는 Cream의 곡 〈Sunshine of your love〉에서 베이스 주자, Jack Bruce의 베이스 연주를 특히 좋아한다. Jack Bruce가 베이스로 연주한 〈바흐 아다지오 BWV 974〉는 충격과 감탄, 그 자체다.

Chuck Mangione의 〈Feels So Good〉이 카톡 프로필 음악으로 등록되어 있고 아침에 꼭 챙겨 듣고 나면, 제목처럼 기분이 진짜 좋아진다.

처음에는 Chuck Mangione의 플뤼겔호른 소리가, 그다음에는 Charles Meeks의 묵직한 베이스 기타 소리가, 그 다음에는 Grant Geissman의 기타 소리가 차례로 감동을 준다.

　Chuck Mangione의 〈Children Of Sanchez〉 연주를 들으면, James Bradley Jr.의 드럼 연주가 압권이다.

　글쓰기의 기쁨의 순간은 문맥에 딱 맞는 문장이나 단어가 떠올랐을 때이다. 《보바리 부인》의 작가 플로베르는 글쓰기에 대해 "한 문맥에 맞는 단어는 단 하나뿐이다."라고 했고, 동의어는 존재하지 않으며, 자신의 생각을 가장 정확하게 표현해 내는 단어를 반드시 찾아야 한다고 믿었다.

　그는 한 문장을 다듬는데 며칠, 때로는 몇 주를 쓰기도 했고, 자주 산책을 하며 단 하나의 단어를 찾으려고 고민했고, 문장을 수십 번 고치는 집요함을 보였다.

　적당히 타협해서 비슷한 단어로 마칠 수도 있었겠지만, 그것은 내면의 내가 허락하지 않는 것이고, 문맥에 맞는 단 하나의 단어를 찾았을 때의 기쁨을 알기 때문이라고 생각한다.

　그는 자기에게는 글을 쉽게 쓰는 재능이 없으며 자신의 글은 퇴고를 거듭한 노고의 산물이라고 실토했다. 이 때문에 그가 《보바리 부인》을 탈고하는 데 5년이나 걸렸다고 한다.

글쓰기 재주가 없는 나에게 플로베르의 이야기는 큰 위안이 되어주었다.

내가 좋아하는 경구 중에 하나는 절차탁마 대기만성(切磋琢磨 大器晚成)이다. 공자가 논어에서 고대 중국의 시집인 《시경(詩經)》을 인용하며,

"군자는 절(切)하고 차(磋)하며, 탁(琢)하고 마(磨)한다."라고 설명했다. 학문과 인격도 옥을 갈고 닦듯 연마해야 한다는 뜻으로 절차탁마(切磋琢磨)를 말씀하셨다. 여기에 '대기만성(大器晚成−큰 그릇을 만드는 데는 시간이 걸린다)'이라는 사자성어를 붙인 것으로 좋은 결과(책 등)가 나오려면 각고의 노력과 긴 시간이 필요하다는 의미다. 이 문구 역시 나에게 큰 격려가 되었다.

《절차탁마대기만성》은 김용옥 교수의 동명의 책 제목이기도 하다. 대학시절 김용옥 교수의 철학 수업을 감명 깊게 들었던 기억이 난다.

인텔, 전설의 CEO 앤드루 S. 그로브는 "오직 편집광만이 살아남는다."라고 말했다. 뭔가를 성취하려면 미친 듯이 몰입해야 한다는 뜻이다.

글을 쓰면서 적절한 문장과 단어가 떠올랐을 때는 기쁨의 순간이지만 그런 순간은 좀처럼 오지 않고 한 치 앞도 보이지 않는 시간들의 연속이다. 그럴 때 플로베르, 공자, 앤드루 S. 그로브의 말을 되새기며 글과 마음을 다듬는다. 원하는 문장과 단어를 발견했을 때의 기쁨을 알기에 힘든 시간을 기꺼이 견뎌낸다.

지금 머릿속에 떠오르는 나를 기쁘게 하는 것들을 5가지를 적어보라.

1. _____
2. _____
3. _____
4. _____
5. _____

그리고, 여기에 시간과 주의를 더 할당한다면 행복에 더 가까워질 것이다.

이번에는 나를 불쾌하게/화나게 하는 상황들을 빈도수가 높은 순으로 5가지를 적어보자.

1. _____
2. _____
3. _____
4. _____
5. _____

심리학자 골위처의 'If-Then' 기법은 어떤 상황이 발생했을 때 특정 행동을 취하도록 사전에 계획해 두는 전략이다.

앞에 나온 나를 불쾌하게/화나게 하는 경우의 대처법(If-Then)을 예로 든다면, 후회, 자책감 등 부정적인 생각이 떠오를 때는, 10분간 산책을 하고 그래도 기분 전환이 안 되면 자기연민(Self-Compassion) 명상을 하겠다.

집사람이 사소한 일로 잔소리를 할 때는, 대꾸하지 않고 가만히 있다가 자리를 피하고, 그래도 계속하면, 집 밖으로 나가서 10분간 산책을 하고 돌아오겠다.

상사나 상대방이 무시하거나 비난할 때는, 충동적으로 바로 반응(React)하지 않고, 한 템포 쉬고 심호흡하고 이성적인 대응(Respond)을 하겠다. 몸에서 각종 이상 신호가 올 때는, 앞에서 언급한 '보왕삼매론'의 '몸에 병이 없기를 바라지 마라.'를 묵상하며, 몸에 한두 군데 아픈 곳이 있는 것을 디폴트로 생각하고, 이만한 것만 해도 다행이라고 생각하겠다. 상대편 자동차가 무리하게 끼어들 때는, 양보하고 클락션을 누르지 않겠다.

이와 같은 'If-Then' 기법의 장점은 그때그때 판단하지 않아도 되므로 스트레스가 줄고, 충동적인 반응(React)으로 인해 발생할 수 있는 실수를 미연에 방지할 수 있다는 것이다.

나를 기쁘게 하는 것들 5가지를 선정해서 투입하는 시간과 주의를 늘리고 나를 불쾌하게/화나게 하는 빈도수가 높은 5가지 상황에 대한 대응방안을 미리 준비한다면 행복에 한 걸음 더 다가설 것이다.

윤주야, 너 어렸을 때 아빠를 가장 기쁘게 한 것들이 뭔 줄 아니?
토요일에 같이 문방구 투어 했던 거 기억나니? 하루는 동네를 다 뒤져서 일곱 군데 갔었잖아? 10,000원 남짓한 금액으로 너 좋아하는 모습에 행복했었어. 집에 돌아와서 똑같은 거 또 사 왔다고 둘 다 엄마한테 깨지기는 했지만.
그리고 동대문운동장 밀레오레나 두타몰에 옷 사러 갔던 거 기억나니? 티셔츠 하나에 2~3천 원 하는 거 사줘도 그렇게 좋아하던 모습이 생생해. 한번 같이 나가면 20~30번은 티격태격 싸웠는데 그 시절이 그립다. 집에 돌아오면 싸구려 옷을 또 사 왔다고 엄마한테 어김없이 깨졌었지.
여름휴가 때 노래방 가서 너하고 듀엣으로 산울림의 <너의 의미>를 불렀을 때도 기쁨의 순간이었어.
아빠의 기쁨의 순간에는 어린 시절의 네가 항상 곁에 있었던 것 같아. 네가 너무 빨리 커버려서 많이 아쉽다.

추천 도서

1. 《이 시대의 사랑》 최승자
2. 《즐거운 일기》 최승자
3. 《기억의 집》 최승자
4. 《사랑할 날이 얼마나 남았을까》 김재진

실천 사항

1. '나를 기쁘게 하는 것들' 목록을 작성하고 시간과 주의를 더 투입하기
2. '나를 불쾌하게/화나게 하는 것들' 목록을 만들고 대처 방안 준비하기
3. '나를 기쁘게 했던 순간들'을 수시로 음미하기

7.
도덕적, 윤리적으로 살아라

바르고 정직하게 살면 손해 보는 세상 아닌가요?

정직하면 손해 보는 세상에서 왜 윤리적으로 살아야 할까요?

이 질문은 '부조리'와 '윤리'의 충돌을 드러낸다.

부조리한 현실은 종종 거짓과 편법을 택한 이들에게 보상이 돌아가고 반대로 정직하고 도리를 지킨 사람은 바보 취급 당하는 상황을 만든다.

이럴 때 윤리적으로 사는 삶은 어리석은 선택처럼 보일 수 있다. 도덕적, 윤리적 삶이 왜 행복에 다가가는 것인지 알아보겠다. **윤리적인 삶은 타인보다 나 자신과의 약속이다. 카뮈식으로 말하면, 부조리한 세상에서 내가 정직을 택한 이유는 그럼에도 불구하고 나답게 살기 위해서다.**

양심에 반하는 부도덕한 행위를 하는 스스로가 이방인처럼 낯설게 느껴지는 순간이 있다. 윤리의 시작은 나 자신을 배신하지 않는 삶에 있다.

이 세상이 공정하지 않다는 사실은 누구보다 우리 자신이 잘 알고 있다. 하지만 그렇다고 해서, 나도 함께 부조리에 편승해야 할까?

정직을 선택하는 것은 부조리에 맞서는 작은 반항이자 나의 세계를 지키겠다는 선언이다. 손해를 본다는 기준도 모호하다. 단기적으로는 손해일 수 있지만 장기적으로는 결코 손해가 아니라고 생각한다.

비윤리적 행위가 적발되지 않더라도 항상 마음 졸이며 밤잠을 설칠 것이고, 적발된다면 최악의 경우 쇠고랑을 찰 수 있고, 한순간에 세상 파렴치한 사람으로 낙인찍힌다. 물론 발 뻗고 편히 자려고 윤리적인 삶을 사는 것은 아니지만, 윤리적이지 않고는 행복의 훌륭한 재료인 마음의 평온을 느낄 수 없다.

PB 고객(고소득층 고객)은 통상 여러 군데의 은행을 거래하고, 이 직원이 정직한지 아닌지는 몇 마디 대화만으로도 정확하게 구분해 낸다. 당장의 금리 몇 % 보다는 정직한 직원을 선택하기 마련이다.

업무의 전문성도 중요하지만 자신의 업무 또는 업(業)의 본질을 파악하는 것이 선행되어야 한다. PB(Private Banker 고소득층 고객을 전담관리 하는 직원)라는 업의 본질은 고객 측면에서는 고객의 자산을 지키고 증식시키는 것이고, 회사 측면에서는 수익, 특히 비이자 수익 증대라고 생각한다. 여기에 PB의 윤리적 딜레마가 있다.

고객의 자산 증식과 회사 수익 증대는 WIN-WIN이라기 보다는 이익분배(Profit Sharing)에 가깝다. 상품을 팔아서 회사의 이익이 증가하면 고객의 이익이 그만큼 줄어드는 구조다. 나는 고객의 이익을 우선시하되, 회사의 이익도 챙겨야 한다는 입장이다. 모순되고 앞뒤가 맞지 않는 말이 아닌가?

지점장으로 근무할 때, PB가 이런 딜레마에서 어떻게 해야 할지를 물어오면, 나는 고객의 이익을 우선시하면서 길게 보고 장사하라고 했다. 단기적인 성과평가를 포기하라는 얘기는 아니다. 한 고객에게 줄어든 이익을 더 열심히 뛰어서 여러 고객에게서 만회하라고 했다. 그러면 PB가 겉으로는 알겠다고 하면서도, 속으로는 '본점에서 오래 근무해서 영업을 하나도 모르면서 성인군자 같은 소리 하고 계시네. 그러면 네가 한번 해봐라.' 했을 것으로 짐작된다. 이것은 지점장 내내 지켜온 나의 신념이자 원칙이다.

오래전이지만 우리은행 Value Proposition(가치 제안-고객에게 제공하는 유무형의 상품, 서비스의 혜택으로 고객이 경쟁사 대신 자사를 선택하는 이유를 제시하는 것)은 믿을 수 있는 평생 파트너(Reliable Lifetime Partner)였다. 무분별한 단기적인 이익보다는 정직한 장기적인 이익을 추구한다는 멋진 Value Proposition이었는데 지금은 유명무실해졌다. 조직문화가 단기 성과주의로 바뀐 탓이다.

단기 성과주의는 말 그대로 단기적으로는 좋을지 몰라도 길게 보면 한 번씩 펑하고 터진다. COD(미국 서브프라임모기지 관련 부채담보부증권) CDS(신용부도스와프)로 큰 손실이 났고, 라임펀드, DLF(해외금리연계 파생결합펀드)로 거액의 손실이 발생했다.

토마스 G. 플랜트는 저서 《바르게 산다는 것의 의미》에서 '도덕 불감증의 시대, 바르게 살아가는 것이 정녕 어리석은 일일까?'라는 도발적 질문을 하고, 바른 삶을 위한 5가지 원칙을 제시한다.

'성실, 능력, 책임, 존중, 배려' 이렇게 5가지다.

첫 번째 원칙 성실은 Integrity를 번역한 것인데 내가 보기에는 성실보다는 진실성이 보다 적절한 것 같다. 진실성에서는 정직이 가장 중요한 덕목이다.

정직에 대해서는 전술한 것으로 대신하고 두 번째인 능력으로 넘어가겠다. 처음에는 '바르게 산다는 것과 능력이 무슨 관계지?' 하는 의문이 있었으나 책을 읽어보고 이내 수긍하게 되었다. 담당 직무에 걸맞은 전문성에 대해 무능력하다면 윤리적인 직장인이라고 하기 어렵다.

몇 년 전에 DLF(해외금리연계 파생결합펀드) 상품이 큰 손실이 나서 문제가 됐던 일이 있었다. 많은 직원들과 은행이 이 일로 곤욕을 치렀는데 이 상품을 판 직원이 정직하지 않아서 원금 손실 가능성이 적다고 거짓말을 했다고는 생각하지 않는다. 본점에서 보내준 상품 설명서에 손실 가능성이 적다고 해서 믿고 팔았다고는 하지만, 전문성이 높은 PB들은 거의 팔지 않았다. 직무에 걸맞은 전문성 즉 능력 부족이 가져온 불상사였다고 생각한다.

나머지 3가지 책임, 존중, 배려는 생략하고 탐욕에 대해 얘기하겠다. 성경에 보면 십계명과 산상수훈이 있다. 십계명이 하지 말라는 부정 명령이라면 산상수훈은 하라는 긍정 명령이다.

정직과 능력이 산상수훈과 같은 윤리적 태도를 말한다면, 탐욕은 십계명과 같은 법률적, 도덕적 규범이다. 은행 생활 30년 하면서 탐욕 부리며 잘 나가던 직원이 한순간에 나락으로 떨어지는 장면을 수도 없이 목격했다. '저 인간 저러다 큰일 날 텐데' 하며 우려했던 직원들은 영락없이 잘리거나 구속되면서 대가를 치른다. 승진, 출세라면 무슨 일이라도 마다않는 탐욕자들은 본인 외에 주변의 모든 것을 자신의 출세를 위한 도구, 수단으로 생각한다. 직원도 고객도 다 도구이자 수단이다.

톨스토이의 소설 《이반 일리치의 죽음》에서 이반 일리치의 부고를 전해 들은 동료들이 가장 먼저 떠올린 생각은 '이 죽음이 자신과 지인들의 인사이동이나 승진에 어떤 영향을 미칠지'에 관한 것이었다. 그다음으로 드는 느낌은 죽은 것은 자기가 아니라는 데서 오는 모종의 기쁨이었다.

'어쩌겠어, 죽은걸. 어쨌든 나는 아니잖아.'

인간의 탐욕과 비정함을 느끼게 하는 장면이다.

6개월에 한 번씩 본점에서 내려주는 목표는 끝도 없이 올라간다. 본점에서는 목표만 높게 주고 영업 지원에는 늘 소홀하다. '까라면 까라.'는 식으로 막무가내다.
목표 달성을 위해 무리하게 영업하다 사고가 나면 책임은 직원에게 전가하는 밀어붙이기식 영업 관행은 예나 지금이나 변함이 없다.

매년 에베레스트 정상에 오르는 팀은 증가해 왔다. 2004년 330팀, 2006년 480팀, 2008년 600팀, 2024년 861팀이다.

그 이유로는 장비와 기술의 발전, 상업 등반의 증가, 네팔 정부의 관광 수입 증대를 위한 정책적 지원 등도 있지만 결정적인 요인은 베이스캠프가 높아졌다는 것이다. 1977년 고상돈 대원이 정상에 올랐던 때에는 베이스캠프가 3,000m 이하여서 6,000m 가까이 더 올라가야 정상까지 갈 수 있었지만, 최근 네팔지역 베이스캠프는 5,300m로 3,500m만 올라가면 정상을 밟을 수 있다. 예전에 비해 순 등정거리가 거의 절반 이하로 준 것이다. 그래서 요즘은 더 많은 사람들이 에베레스트 정상에 도달하는 것이다.

출처 《오리진이 되라》 강신장 지음, 챗지피티

영업에서 베이스캠프를 높인다는 것은 지점에서 영업을 쉽게 할 수 있도록 경쟁력 있는 상품을 만든다거나, 영업 추진비를 올린다거나 하는 각종 영업 지원을 강화하는 것일 텐데, 이런 것에는 관심 없고, 독려 강도만 세졌다.

  S 지점 재직 시 집단대출을 위해 여러 은행과 아파트 주차장에 동시에 고객응대 캠프를 차렸는데, S 은행에 비해 본부 영업 지원이 턱없이 부족했던 것이 기억난다.

  각 시기별로 이데올로기(Ideology)나 시대정신(Zeitgeist-특정 시대를 관통하는 정신적 분위기, 사회 전반에 공유되는 가치나 세계관)이 있다.

  1960~70년대 근대화, 80년대 민주화, 90년대 세계화 등이 그것이다. 작금의 시대정신은 무엇일까? 건전한 시대정신은 없고, 사회적 차원의 물질 만능주의와 개인적 차원의 탐욕이 맞물려 서로를 강화하는 혼돈의 시대를 살고 있다.

  주제넘은 얘기지만, 1960~70년대의 근대화, 새마을 운동이 지긋지긋한 가난에서 벗어나기 위해 '잘 살아보세.'라는 물질적 풍요로움을 추구했다면, 이제는 '물질적 풍요'를 기준으로 한 '잘 산다.'의 개념을 해체하고 그 자리에 더불어 같이 잘 살자는 '행복과 연대'라는 정신적인 풍요로움을 추구하는 새로운 시대정신을 세우자고 제안한다.

잘 산다는 것은 나의 행복이 타인의 행복과 맞닿아 있는 상태를 뜻한다.

'모둠살이'는 함께 어울려 사는 삶, 공동체적 삶을 의미한다. 나만 잘 사는 삶이 아닌, 더불어 같이 잘 사는 삶이다. '모둠살이'는 '행복과 연대'라는 시대정신에 가장 잘 어울리는 단어인 것 같다.

'빨리 가려면 혼자 가고, 멀리 가려면 같이 가라'는 아프리카 속담이 있다. 독일 철학자 한나 아렌트는 "인간은 홀로 사는 존재가 아니라 타인과 더불어 행위하고 말하는 존재"라고 했으며 영국의 시인 존 던은 "인간은 섬이 아니다."라고 말했고, 카뮈는 《페스트》에서 "부조리한 세상에서 살아남는 힘은 연대에서 비롯된다."고 말했다.

은행뿐만 아니라 사회 곳곳, 정치판을 보면 조직과 나라를 위하는 사람은 없고, 일신의 영달만 추구하는 모리배들이 들끓고 있는 탐욕의 세상이다.

장관 후보자 인사청문회를 보면 여야를 막론하고 저런 인간들밖에는 없나 하는 생각에 열이 받는다.

이런 부조리한 세상만 탓하지 말고, 내가 누구인지, 무엇을 지키면서 살아갈 것인지에 대한 고민이 필요한 때다. 정직하고 싶다는 마음, 정의롭고 싶다는 마음은 내 안에서 나온다. 그 마음을 배반하고 살아갈 때, 우리는 타인보다 먼저 자신에게 신뢰를 잃는다.

그렇게 살아가는 삶은 겉으로는 성공처럼 보일지 몰라도, 내면에서 먼저 무너진다.

구본형 작가의 《오늘 눈부신 하루를 위하여》에 이런 구절이 나온다.

> 가난한 아버지를 이해하라. 그의 가난이 부패한 사회 속에서의 정직 때문이라면 당신은 훌륭한 아버지를 가진 것이다. 혹은 그의 가난이 돈을 좇은 것이 아니라 그저 지켜야 할 것을 지킨 탓이라면 그를 존경하라. 혹은 그의 가난이 당신에 대한 책임 때문에 가장 안전한 길을 택한 희생에 기인한 것이라면 그의 앞에 무릎을 꿇고 울어라.

가슴을 울리는 멋진 말이다.

나는 지점장이 되면서 하지 말자, 하자 각각 3가지 원칙을 정했다.

하지 말자

1. 내가 잘되기 위해서 직원들을 힘들게 하지 말자.
2. 내가 잘되기 위해서 고객을 속이지 말자.
3. 내가 잘되기 위해서 윗사람에게 아부하거나 백을 동원하지 말자.

하자

1. 직원들의 성장과 발전을 돕자.
2. 고객의 성장과 발전을 돕자.
3. 불이익이 있더라도 윗사람에게 바른말은 하자.

퇴직할 때까지 이 원칙들을 잘 지킨 것 같아 자부심을 느낀다.

윤주야, 도덕 불감증의 시대에 위의 구본형 작가의 말이 심금을 울리지? 영화 〈친구〉를 보면 선생님 역을 맡은 김광규가 "느그 아버지 뭐 하시노." 하면서 학생들을 때리는 장면이 나와. 퇴직하고 하는 일이 없을 때 유튜브로

이 영상을 보고 기분이 영 좋지 않았어. 누가 너에게 이렇게 물어볼 때, 네가 기죽거나 주눅 들지 않을까 걱정이 되더라. 이 책을 쓰게 된 이유 중에 하나야. 너희들 어릴 적 아빠는 무엇이든 척척 고치고 해결하는 맥가이버, 순둥 아빠였고, 천하무적 마징가 Z이었지만, 지금은 전구 하나 제대로 못 가는 초라한 신세가 되어버려서 서글프다.

윤주야, 가끔 네 방에 들어가서 요즘 무슨 책을 읽고 있나 보다가 책장에 꽂혀 있는 《부자 아빠 가난한 아빠》라는 책을 보고 놀랐어. 너에게 부끄럽지 않은 아빠가 되려고 노력했지만, 마음대로 안 돼서 속상한 적이 많았어. 그래도 정직하고 가장의 책임을 다하려고 노력한 것은 인정해 줘라. 너는 돈을 좇는 인생을 살지 않았으면 좋겠어. 좀 가난하더라도 자신이 하고 싶은 일을 하면서 정직하고 성실하게 살았으면 하는 것이 아빠의 바람이야!

추천 도서

1. 《바르게 산다는 것의 의미》 토마스 G. 플랜트
2. 《오늘 눈부신 하루를 위하여》 구본형

실천 사항

1. 직무에 걸맞은 전문성을 갖추기
2. 일상의 작은 일에서부터 정직을 습관화하기
3. 절대로, 절대로 탐욕은 부리지 말기

8.
1년에 50권의 책을 읽어라

앞서 나를 키운 8할은 책이고 2할은 음악이라고 했다. 나의 모임 중에는 MBC라는 이름의 모임이 있다. 방송국 모임은 아니고, 음악과 책과 커피(M-Music, B-Book, C-Coffee)를 좋아하는 은행 동료들과의 모임이다. 결성된 지 8년 이상이 지난 지금도 매달 만나고 있고, 취향이 비슷하니 '만나면 좋은 친구'이자 제일 즐거운 모임이다.

누가 취미가 뭐냐고 물어보면 주저 없이 독서와 음악감상이라고 한다. 장래 희망을 물어보면 예전에는 동네마다 있었던 레코드 가게를 하는 것이라고 했다. 하루 종일 책 보면서 음악 듣는 게 나의 로망이었다. 돈도 명예도 필요 없고, 책과 음악이면 충분할 것 같았다.

나의 독서 여정을 얘기하자면, 초등학교 때는 또래보다 책을 많이 읽었지만 중고등학교 때는 학업 관계로 좀 쉬다가, 대학교 진학해서 다시 다독하기 시작했다. 이문열, 최인훈, 박경리 작가의 책을 좋아했다. 1명만 꼽으라면 단연 박경리 작가다. 넉넉하지 못한 학창시절이라 학교 도서관에서 박경리 작가의 책은 빌려서 다 읽었다. 군대 가려고 휴학 중에는, 박경리의 토지가 완간 전이었고 《월간경향》에 연재 중에 있어서 매달 《월간경향》 발행일만 기다리다 나오는 즉시 사서 읽었다.

한강 작가가 노벨문학상을 타서 기뻤지만, 박경리 작가가 먼저 탔으면 더 좋았을 텐데 하는 아쉬움도 있었다. 여름휴가를 한 해는 통영, 다음 해는 원주로 갔는데, 휴가를 핑계로 통영 박경리 기념관과 원주 박경리 토지문화관에 가기 위함이었다.

내가 책을 좋아하게 된 것은 어머니의 영향이 컸다. 초등학교 저학년 때부터 공부 열심히 하란 얘기는 거의 안 하셨고 책 많이 읽으라는 말씀을 자주 하셨다. 하지만 막상 책을 많이 읽으니까 불안해하셨다.

일제 강점기 당시, 책을 많이 본 지식인들이 허무주의에 빠지고 공산주의자가 되는 것을 많이 보셨기 때문인 듯하다. 당시는 살벌한 유신 독재시대였다.

이번에는 독서 방법에 대해 얘기하겠다. 정독이 좋다고도 하고, 다독이 좋다고도 한다. 아무 책이나 읽으면 안 되고 명작 위주로 읽으라고도 한다. 수월하게 읽을 수 있는 책만 읽으면 성장하지 못한다고 하기도 한다. 책을 읽고 돌아서면 남는 것이 없으니까 자료화 독서를 주장하는 이도 있고, 작가와 대화하듯 읽으라고 하기도 하고, 비평하듯 읽으라고도 한다. 책에 밑줄 긋고 메모하고 최대한 더럽게 보라고도 한다.

미국의 철학자이자 교육자인 모티어 J. 애들러는 《독서의 기술》에서 독서란 단순한 정보 습득을 넘어, 지식과 지혜를 얻는 것, 사유 능력을 확장하고, 자기주도적 학습자가 되는 것이라고 정의하고, 4가지 책을 읽는 방법을 제시했다.

첫째는 저자의 주장과 근거를 끊임없이 의심하고 점검하는 질문하면서 읽기, 둘째는 수동적으로 정보를 받기보다, 비판적으로 분석하며 대화하듯 읽기, 셋째는 먼저 책의 전체 구조를 파악한 후, 세부 내용 읽기, 넷째는 중요한 문장은 밑줄, 요약, 자기 언어로 재정리해서 자기 것으로 만들기이다.

일본 근대철학을 대표하는 사상가인 미키 기요시는 《독서와 인생》에서 애들러와 비슷한 의견을 제시하지만, 내면적 성찰과 철학적 사유의 깊이를 키우는 독서를 지향했고, 단순히 지식을 쌓는 것이 목적이 아니라, 인간답게 살아가기 위한 내적 성장과 연결되어야 함을 강조했다. 실용서보다는 고전을, 다독보다는 깊이 읽는 것을, 같은 책을 여러 번 반복해서 읽을 것을 추천했다.

내가 독서론을 얘기할 위치에 있지도 않고, 그만한 실력도 안 되지만 독서입문자에게 조언을 하자면, 독서에서 이것저것 너무 많은 것을 얻으려고 욕심내면 자칫 책 읽기의 즐거움과 흥미를 잃기 쉬우니 처음에는 간단하면서도 효과가 빠른 접근법을 추천한다.

그런 측면에서는 유근용의 《일독일행 독서법》의 방법론을 권한다. 1권의 책을 정독하고 책에서 배운 1가지를 바로 실천하는 것이다. 읽는 것에서 그치지 않고 행동으로까지 나아가는 것이다. 두 번째는 본인의 관심 분야의 책을 읽는 것이고 세 번째는 담당 업무의 전문가가 되기 위한 업무 관련 책을 읽는 것이다.

지금 주식 투자에 관심이 많다면 주식 관련 책을 읽고, 마케팅/홍보 관련 부서에서 근무한다면 업무 관련 책을 읽는 것으로 시작하는 것을 추천한다. 책을 고를 때에는 챗지피티에 '증권 관련, 마케팅/홍보 관련 Top 10 책을 추천해줘.'라고 질문해 보는 것으로 시작해라.

은행에서 지점 근무를 한다면 대부분 세일즈 업무를 담당하고 있으므로, 이것을 가지고 예시를 들어보겠다. 챗지피티를 조회해서 나온 세일즈 Top 10 도서 중 내가 읽은 5권을 중심으로 설명하면 다음과 같다.

《당신의 세일즈에 SPIN을 걸어라》 시리즈 닐 라컴 지음

《설득의 심리학 1》 로버트 치알디니 지음

《챌린저 세일》 매슈 딕슨, 브랜트 애덤슨 지음

《파는 것이 인간이다》 다니엘 핑크 지음

《판매의 심리학》 브라이언 트레이시 지음

세일즈 책을 고를 때, 주의할 점은 담당 직무에 맞는 책인가를 먼저 파악하는 것이다. 《당신의 세일즈에 SPIN을 걸어라》는 PB나 기업담당자 대상 책이고, 《챌린저 세일》은 기업담당자 대상 책이다.

세일즈란 것은 결국 고객의 마음을 움직여서(설득해서) 상품을 파는 것이므로 《설득의 심리학》을 제일 먼저 읽을 것을 추천한다. 비슷한 이유로 그다음은 《파는 것이 인간이다》를 읽기를 권한다. 세일즈 책은 세일즈 동기부여와 세일즈 테크닉 부문의 책으로 분류할 수 있는데 두 분야의 책을 균형 있게 읽어야 좋다. 이런 관점에서 챗지피티 Top 10 목록에는 없지만 브라이언 트레이시의 《세일즈 슈퍼스타》

를 추천한다. 고객을 설득하는, 착 달라붙는 메시지를 만들기를 원한다면 칩 히스, 댄 히스 형제의 《스틱!》을 강력 추천한다. 정말 근사한 책이다.

 은행 S 지점 지점장으로 재직 당시, 전 직원들에게 《판매의 심리학》을 선물했는데 반응이 별로였던 기억이 난다. '영업을 책으로 하느냐?' 그런 마음이었던 것 같다 '일독일행 독서법'과 같이 1가지만이라도 영업에 적용해 보길 바라는 나의 마음을 이해해 주지 않아서 안타까웠다.
 브라이언 트레이시의 《세일즈 슈퍼스타》에 나오는 영업 기법의 하나인 FABE(Feature(특징), Advantage(이점), Benefit(혜택), Evidence(근거)를 활용해서 PB 팀원인 신입행원과 함께 상품별로 템플릿을 만들어서 영업에 활용해 봤는데, PB팀원이 영업에 많은 도움이 되었다고 했다. 영업담당자라면 세일즈/마케팅 관련 책을 최소 10권을 읽고, 마음이 드는 3권의 책은 다섯 번 이상씩 읽어보기를 권한다. 읽고 나서 영업에 하나둘씩 적용해 보면 그 효과에 놀랄 것이다.

 실용적인 독서 외에도 순수한 기쁨을 위한 독서가 있다.

좋아하는 작가의 책을 읽는 것이다. 내가 좋아하는 한국 작가로는 소설 부문은 박경리, 시는 최승자 작가가 있다. 카뮈의 《시지프 신화》는 백 번쯤 읽었고 조던 피터슨의 《12가지 인생의 법칙》, 줄리안 바지니와 안토니아 마카로의 《최고가 아니면 다 실패한 삶일까》는 각각 열 번 이상씩 읽은 것 같다. 카뮈, 박경리, 최승자 작가의 책은 다 읽었고 내년에는 도스토예프스키 전집에 도전할 생각이다.

전집 읽기의 장점은 단독 작품으로 읽을 때는 보이지 않던 것들이 전집으로 읽을 경우 마치 퍼즐처럼 맞춰진다는 것이다. 예를 들면 카뮈의 《이방인》만 읽었을 때는 '왜 이 말을 한 걸까?' 이해되지 않던 것이 전집을 따라가며 《시지프 신화》, 《페스트》, 《반항하는 인간》 등을 읽고 나니까 그가 "부조리 속에서도 반항하라."고 말할 수밖에 없었던 이유가 선명해진다.

좋아하는 작가의 책을 읽는 건 기쁨의 순간이고, 신간이 나오면 1쇄를 사는 것과 개정판이 나오면 똑같은 내용이라 하더라도 장식용으로 또 사는 것이 이 바닥의 국룰이다.

《12가지 인생의 법칙》은 번역본 3권, 원서 2권에 전자책도 2개가 있다. 직원들에게 가장 많이 선물한 책이기도 하다.

책은 빌려 보는 것보다 사서 볼 것을 권한다. 책을 사는 건 가성비가 제일 좋은 투자다. 1만 5천~2만 원을 투자해서 한 작가의 3~5년, 길게는 10년 이상의 인생을 갈아 넣은 작품을 본다는 게 얼마나 남는 장사인가?

책장을 둘러보면 안 읽은 책이 부지기수라서 죄책감을 느낄 때도 있지만 인생의 어느 순간에는 어쩔 수 없이 책 읽는 것밖에는 할 일이 없는 시간이 온다. 그때 읽으면 된다. 나는 암 치료 후 퇴원하고 나서 책장에 안 읽고 쌓아 두었던 책을 대부분 읽었다. '독서는 책을 사서 읽는 것이 아니라 사두면 읽게 되는 것이다.'라는 말도 있다.

미키 기요시는 독서 관련 칼럼에서 "책이 책장에 오래 꽂혀 있으면, 비록 읽지 않았더라도 제목과 배치, 분위기만으로도 그 내용이 짐작되며, 실제로 나중에 펼쳐보면 그 예상이 크게 틀리지 않음을 느낀다."라고 했다.

책을 읽고 나면 금방 잊어버리는데 무슨 쓸모냐고 하는 분도 있다. 스티브 잡스는 'Connecting the dots(점들을 미리 연결할 수는 없다. 오직 지나고 나서야 연결할 수 있다)'라고 말했다.

다시 말하면 인생에서 우리가 경험하는 사건들은 서로 무관해 보이지만, 시간이 지난 후 되돌아보면 그것들이 서로 연결되어 의미 있는 길을 만들어 낸다는 것이다.

당장은 이해가 안 되고 쓸모없는 독서라고 생각할 수도 있지만 현재의 독서가 미래의 무언가와 연결될 수 있다는 믿음을 가져라.

어느 발걸음 하나 헛된 것은 없듯이 쓸모없는 독서도 없다. 스티브 잡스가 대학 중퇴 후 서체 수업을 청강해서 후에 매킨토시, 아이폰의 세련된 폰트와 디자인 철학을 탄생시켰다. 러시아의 반정부 작가 솔제니친이 억울하게 8년간 강제 노동 교화소(굴라크) 생활은 한 것은 후에 《수용소군도》, 《이반 데니소비치, 수용소의 하루》의 뼈대와 생생한 자료가 되었다. 빈센트 반 고흐가 가난한 광부 마을에서 전도사 활동을 한 것도 후에 〈감자 먹는 사람들〉 등 서민 삶을 담은 걸작을 만든 밑거름이 되었다.

나의 경우는 본점에서 기획담당으로 12년을 근무했는데 특별한 전문성이 있는 것도 아니고 재취업에 도움이 안 되었지만 이 책을 쓰는 데 큰 도움이 되었다.

이렇듯 그 순간에는 의미 없어 보이는 일, 실패, 독서가 훗날 필연처럼 연결되는 것이다. 나도 독서를 하면서 회의를 느낀 적이 많다. 독서법 전문가이자 글쓰기 멘토인 김병완 작가의 책 제목처럼 '오직 읽기만 하는 바보'가 아닌가 하는 생각이 들기도 했다. 책을 읽어도 글쓰기가 진전이 없어 힘이 빠져 있을 때 유튜브에서 박웅현 작가의 강연을 듣고 다시 힘을 냈던 기억이 난다. '짜내려(Squeeze out) 하지 말고 흘러넘치게(Spill over) 하라. 집어넣으세요. 넣으면 나옵니다.'는 말이 그것이다. 순간 아직 독서량이 많이 부족하구나 하는 반성을 했다.

이적의 곡 〈걱정 말아요 그대〉의 '지나간 것은 지나간 대로 그런 의미가 있죠.'라는 가사와 박목월의 시 〈가교〉의 '지나온 것은 지나온 것이요 닿지 않는 것은 닿지 않는 것이다'라는 구절이 마음에 와닿는다. 독서도 마찬가지인 것 같다. 책을 읽고 돌아서면 남는 게 아무것도 없다고 느낄 때가 많다. 표면의식에는 그럴 수도 있지만 잠재의식에는 남아 있어서 필요한 시기에는 결국 연결되고 꺼내 쓸 수 있다고 생각한다. 이 책을 쓰면서도 이 챕터에 인용할 책이 무엇이지? 하고 생각하면 책 제목과 문장의 위치들이 떠오르고 찾아보면 신기하게도 거의 맞는다. 또한 내가 무의식중에 하는 행동들이 예전에 책에서 본 내용이라서 놀라곤 한다. 책에서는 선한 사람, 노력하는 사람이 되라고 하니 내가 그나마 선하고 노력하면서 살아가는 것도 책의 덕분이라고 하겠다. 그러니까 독서법, 이런저런 것 생각하지 말고 주의를 기울여서 많이 읽자. 그게 답이 아닐까 생각한다.

1년에 50권을 읽으려면 구정, 추석 명절 빼고 매주 1권을 읽어야 한다는 계산이 나온다. 독서입문자가 이렇게 읽는 것은 무리이고, 하루 10페이지, 10분 읽는 것으로 작게 시작하는 것이 좋다. 앞서 얘기한 최소저항경로(작게, 쉽게)를 독서에 적용하고, 어느 정도 책 읽기의 효용과 즐거움을 알고 나면 일주일에 1권 읽는 것을 목표로 삼자. 삶이 풍요로워지고 업무 경쟁력도 높아지는 신세계를 경험하게 될 것이다.

윤주야, 네가 책을 좋아하게 되어서 참 기쁘다. 네가 없는 방에 들어가서 책장을 둘러보면, 독서 수준이 많이 올라간 것 같아서 기분이 좋다. 네가 책 읽는 거 취미 붙이게 하려고, 책 1권 읽을 때마다 용돈 줬던 거 기억나지? 앞으로도 책을 좋아하고 독서량을 늘려 갔으면 하는 바람이야!

추천 도서

1. 《설득의 심리학》 로버트 치알디니
2. 《파는 것이 인간이다》 다니엘 핑크
3. 《세일즈 슈퍼스타》 브라이언 트레이시
4. 《스틱!》 칩 히스, 댄 히스
5. 《독서의 기술》 모티어 J. 애들러
6. 《독서와 인생》 미키 기요시
7. 《일독일행 독서법》 유근용
8. 《당신의 세일즈에 SPIN을 걸어라》 시리즈 닐 라컴
9. 《챌린저 세일》 매슈 딕슨, 브랜트 애덤슨
10. 《판매의 심리학》 브라이언 트레이시

실천 사항

1. 하루 10페이지, 10분 독서하는 습관 기르기
2. 업무 연관 도서 10권 읽기
3. 출퇴근길에 핸드폰으로 전자책 보기

9.

행복하고 싶다면
몸에 올인하라

일체유심조(一切唯心造-모든 것은 오직 마음이 지어낸다), 정신일도 하사불성(精神一到 何事不成-정신을 한곳으로 모으면 이루지 못할 것이 없다)이란 말이 있다. 마음만 다스리고 정신만 차리면 되는데 이것의 실체를 모르겠다. 몸과 마음은 무엇이고 어떻게 연결되는 걸까? 오랫동안 뇌리에서 떠나지 않는 궁금증이었다.

고대 철학(아리스토텔레스)은 영혼은 몸과 분리된 실체가 아니라, 몸이라는 질료의 '형상'이라고 보았다. 즉, 영혼은 살아 있는 몸의 기능적 원리(생명, 지각, 이성)이며, 분리 불가능한 통일체라고 했다. 중세 신학(아우구스티누스)은 마음은 곧 영혼이며 신의 형상을 지닌 고귀한 본질로 보았고, 영혼은 불멸하며 몸보다 우월하다고 보았으며 몸은 일시적이고 타락한 육체이며 욕망과 죄의 근원으로 파악했다. 근대 이성주의의 문을 연 데카르트는 마음은 의식, 이성, 자기확신의 근거로 의심할 수 없는 유일한 실재이고, 몸은 물질적 존재로 움직이는 기계라고 여겼다. 몸과 마음은 본질적으로 다른 실체, 이른바 '심신이원론'을 주장했다.

20세기 프랑스 현상학자 메를로퐁티는 "우리는 몸을 통해 세계를 경험하고 감정도 몸의 감각과 얽혀 있다."고 말했다. 몸은 단순히 기계가 아니라 의식의 기반이라고 보았다.

출처 챗지피티

몸의 철학자 메를로퐁티는 데카르트식의 몸은 기계이고 마음은 조정자라는 심신이원론을 거부했다. 우리는 '몸을 가지고 있는 존재'가 아니라 '몸이 곧 나이며, 내가 세계를 경험하는 창구'라고 보았다.

감정은 단순히 뇌의 화학 반응이 아니라 몸 전체의 상태 변화로 보았다. 그는 "감정은 몸이 세상을 의미 있게 경험하는 방식이므로 몸을 무시하면 감정을 제대로 이해할 수 없다."고 했다.

예를 들어 편안히 앉아 있는 몸과 긴장한 몸은 전혀 다른 마음상태를 만들어 낸다. 마음이 몸을 지배하는 것이 아니라 몸의 상태가 마음의 가능성을 열어주거나 제한한다는 의미다. 마음을 바꾸고 싶다면 먼저 몸을 바꾸는 것이 지름길이라는 말이다.

심호흡을 하면 부교감신경 활성화로 불안이 완화되고, 자세 변화, 예를 들어 가슴을 펴고 턱을 들면 자신감이 생기며, 걷기, 춤, 요가가 우울 완화에 효과가 있다.

출처 《지각의 현상학》 메를로퐁티 지음, 챗지피티

느낌의 철학자 안토니오 다마지오는 뇌과학과 철학을 연결해 몸→감정→느낌→마음의 관계를 체계적으로 설명한 인물이다.

다마지오는 감정은 뇌가 아닌 몸의 상태 변화로 시작되고 감정은 몸이 만들어 내는 자동적이고 생물학적인 반응 패턴으로 보았다. 감정이 의식 속에 들어온 상태가 '느낌'이고, 마음은 감각, 기억, 언어, 논리적사고와 같은 인지 과정이 느낌과 결합한 결과라고 했다.

출처 《느끼고 아는 존재》 안토니오 다마지오 지음, 챗지피티

불쾌지수가 높거나 수면이 부족하면 예민해지고 불쾌한 감정이 들 것이다. 메를로퐁티와 안토니오 다마지오의 관점을 합치면 더위나 수면 부족 같은 생리적 조건이 몸을 변형시키고, 그 몸을 통해서 지각되는 세계가 불편해지며, 동시에 뇌는 이를 불쾌한 감정으로 표상한다는 것이다. 메를로퐁티나 안토니오 다마지오 모두 감정과 마음에 영향을 주는 것은 몸의 상태 변화라고 주장했다.

메를로퐁티, 안토니오 다마지오 이래 현대 뇌과학은 음식, 수면, 운동, 명상 등 신체 활동(몸)을 통해 감정 조절이 가능하다는 입장이다. **기분 좋음 또는 나쁨이라는 감정의 상태가 행복을 좌우한다면, 몸을 최상의 상태로 관리하는 것이 행복에 가까워지는 첩경이다. 따라서 감정을 조절하려면 음식, 수면, 운동, 명상 등을 통해 몸의 상태를 최상으로 유지하는 것이 핵심이다.**

그래서 앞서 소개한 최우선순위 삶의 영역인 건강 부문

에 음식, 수면, 운동, 명상을 통해 몸을 최상의 상태로 만들기 위해 건강에 대한 실행 목표를 세우고 실행했다. 세부적인 실행계획과 실행 결과를 소개하겠다.

1) 건강

  1.1) 목표

25년 4월, 10월(항암 종료 3년 4개월), 머리 MRI 검사와 혈액검사 주요 항목 (백혈구, 혈소판, 혈당, 간 기능, 신장 기능, 콜레스테롤) 정상범위 유지

하체 근육량 늘리기

  1.2) 이유

암 재발, 전이 방지 및 기초체력 향상

  1.3) 세부 실행 목표

   a. 안 하기(음식, 수면)

   커피 (O)

담배 끊은 지는 20년쯤 되었고, 술은 2022년 1월 말 암으로 입원하고 나서부터 마시지 않았다. 암 발병 전부터 간과 위장이 좋지 않아서 이번 기회에 술을 완전히 끊기로 해서 지금까지 지켜오고 있다.

담배는 20년 전에 생명보험에 가입하려고 피검사를 했는데 간 수치가 높아서 보험 가입 거절이 되어 충격을 받고 끊었고, 술은 이번 암 발병으로 끊게 되었다.

커피는 숙면 방해와 위장 장애로 끊게 되었는데 자세한 내용은 아래 대체하기에서 설명하겠다. 술, 담배, 커피를 끊으면 무슨 재미로 사느냐고 할 수도 있겠지만, 크게 아파 보면 순간의 충동이나 쾌락을 자제하는 게 가능하다.

b. 줄이기(음식, 수면)

가공육, 튀김류, 라면 등 면류 (O)

건강에 좋지 않은 가공육, 튀김류, 라면 등 면류 섭취를 대폭 줄였다.

c. 늘리기(음식, 수면)

단백질(두부, 계란), 채소/과일, 소금 (O)

수면시간 7시간 이상 (O)

단백질 섭취는 주로 두부, 계란으로 하고, 붉은 고기는 건강에 좋지 않다고 해서 생선이나 회를 먹었다. 특히 연어

회를 좋아해서 자주 먹는 편이다. 소금에 대한 편견이 많은데 소금은 깨끗한 용융소금(1,000도 이상 온도에서 소금을 녹여내면서 불순물을 제거한 고품질 소금)을 따뜻한 물에 타서 수시로 마셨더니 몸이 좋아진 것을 느낀다. 도서《백년 면역력을 키우는 짠맛의 힘》과《소금의 진실》두 책을 참고했고 국이나 소금 자체를 많이 먹는 것이 아니라 따뜻한 소금물을 음용했다.

    수면은 7시간 이상 자는 것을 원칙으로 하고 지키고 있다. 암으로 입원하기 전 2~3개월 정도 극심한 불면증을 시달려서 잠의 중요성을 절감하고 있다. 연세대 김주환 교수는 음식과 운동을 합친 것보다 잠이 더 중요하다고 하며 수면의 중요성을 강조했다.

출처 유튜브〈김주환의 내면소통〉건강하고 오래 살기 위한 식사와 운동법

    d. 대체하기(음식, 수면)
    커피 → 캐모마일 (O)
    탄산음료 → 서리태 두유, 유산균 음료 (O)
    달달한 빵 → 호밀빵 (O)

앞에서 MBC 모임이 있다고 했는데 여기서 C는 Coffee다. 그만큼 커피를 좋아한다는 말이고, 책 읽고 글 쓸 때는 습관적으로 커피를 마셨기 때문에 끊기가 쉽지 않았다. 커피를 대용할 차를 찾다가 캐모마일을 발견했다. 커피를 끊으려는 가장 큰 이유는 숙면 방해와 위장 장애였는데, 캐모마일은 숙면에 도움을 주고 위장을 보호하고 면역력을 높여 주는 효능이 있어서 건강 측면에서는 완벽했지만 문제는 맛이었다. 건강을 최우선에 두었기에 감내하자고 결심했고, 애정을 가지고 마시니까 맛도 괜찮아졌다. 캐모마일(Camomile)도 C로 시작해서 커피를 완벽하게 대체했다.

두 번째로 탄산음료를 서리태 두유와 유산균 음료로 대체했다. 식사하면서 콜라 마시는 것이 습관이 돼서 콜라 없이 식사를 하면 뭔가 허전한 느낌이 들었다. 건강에 좀 낫다고 해서 제로콜라를 주로 마셨는데, 이것도 대체 감미료의 장기적인 섭취는 부작용이 있다고 해서 건강에 좋은 서리태 두유와 유산균 음료로 콜라를 대체했다.

'빵돌이'라는 별명이 있을 만큼 빵(특히 달달한 빵)을 좋아했는데 건강에 좋은 호밀빵으로 대체했다. 처음에는 맛이 없었으나, 캐모마일처럼 애정을 가지고 오래 씹고 올리브 오일에 찍어 먹으니 맛도 괜찮아졌다.

　음식 관련 모든 판단의 기준은 이것이 몸에 좋으냐 안 좋으냐이다. 그리고 몸에 좋은 음식을 더 먹기보다는 몸에 안 좋은 음식을 끊는 것에 주안점을 두었다. 소식하는 것과 야식을 안 하는 것도 중요하다. 오래 씹어서 먹는 것은 정말 중요하다. 오래 씹으면 먹는 시간이 늘어나기 때문에 포만감을 느끼게 돼서 과식을 방지하게 해주고, 음식물이 잘게 분쇄되어 소화액이 더 쉽게 작용할 수 있어 위장의 부담을 줄여주고, 침 분비가 증가하여 소화를 도와준다. 스무 번 이상 씹는 것을 목표로 해서 처음에는 열 번 씹는 것을 카운트하면서 씹다 보면, 스무 번 이상 씹어 먹는 것도 가능해진다.

　e. 새로 시작하기(음식, 수면)
　수면 – 11시 전에 자기 (X), 간헐적 단식 (O)

　수면의 질적인 향상 측면에서는 11시 전에 자야 좋다고 하는데 이것은 아직 지키지 못하고 있다. 간헐적 단식(전일 저녁 식사 후 익일 첫 식사까지 16시간 이상 공복 유지)은 **습관으로 자**

리 잡았다.

    a. 안 하기(운동, 명상)

  요가(허리 통증) (O)

올해 들어 허리가 많이 안 좋아져서 10년 넘게 해오던 5가지 동작으로 이루어진 티벳요가를 중지했다. 허리가 좋아지면 재개할 예정이다.

    b. 줄이기(운동, 명상)

  걷기(하루 1만 7천 보 → 1만 2천 보) (O)

아프기 전부터 걷는 것을 좋아했고, 퇴원 후에도 재활담당 의사가 걷는 것이 재활과 건강 회복에 좋다고 해서 하루 1만 7천 보씩 걷다 보니 무릎과 허리에 무리가 가고, 많은 시간 소요로 책 쓰기에 지장을 주어서 1만 2천 보로 걸음 수를 줄였다.

    c. 늘리기(운동, 명상)

  참선호흡 한 호흡 길이(20초 → 30초) (O)

  하프 스쿼트(200회 → 300회) (O)

발끝치기(1,500회 → 2,000회) (O)

발뒤꿈치 들기 (70회 → 100회) (O)

올해 가장 중점을 둔 부분은 호흡 길이 늘리기다. 오래전부터 참선호흡을 해왔는데 한 호흡이 계속 10초에 머물다가 작년에 일주일에 0.2초씩(들숨 0.1초, 날숨 0.1초) 늘려서 20초가 되었고 올해 들어서는 일주일에 0.3초씩(들숨 0.1초, 날숨 0.2초) 늘려서 9월 10일 자로 30초(들숨 10초, 날숨 20초) 호흡 목표를 달성했다 한 호흡 길이가 30초가 되면 체질이 알칼리성으로 바뀌고 건강, 특히 면역력에 좋다고 해서 중점 실행했다. 박희선 교수의 책 《생활참선건강법》을 참조했다. 기초체력 향상 일환으로 허벅지 근육과 종아리 근육 단련을 위해 하프 스쿼트, 발끝치기와 발뒤꿈치 들기를 실행해서 목표를 달성했다.

    d. 새로 시작하기(운동, 명상)

계단 오르기 10층 이상 (X)

도리도리 명상 (O)

허벅지, 종아리 근육을 늘리기 위해 계단 오르기 계획을 세웠으나 아직 못하고 있고, 10월부터 시작할 예정이다.

참선호흡 명상은 오래전부터 해왔고 올해부터 도리도리 명상(고개를 좌우로 가볍게 돌리면서 간단한 문장 묵상)을 시작했고 도합 30분 정도 소요된다.

기분 좋은 감정이 행복의 한 종류라고 한다면, 수면, 음식, 운동, 명상 등을 통해 몸을 최적의 상태로 만드는 것이 중요한데, 대부분의 올해 목표를 달성했다(9/10 기준). 몸 컨디션이 많이 좋아졌고 동시에 행복의 좋은 재료인 긍정적인 감정도 생겼다. 10월 초 예정인 정기검진(암 추적관찰)도 좋은 결과가 나올 것을 확신한다.

윤주야, 요새도 인스턴트 음식 많이 먹지? 객지에서 혼자 생활하느라 힘든 것은 알지만 건강식을 했으면 하는 바람이야.
좋은 음식하고 운동이 단순히 건강에 좋을 뿐만 아니라, 좋은 감정을 만들어서 행복하게 해주는 효과가 있어! 인스턴트 음식 줄이고 귀찮더라도 건강식을 하고 꾸준하게 운동하길 바란다.

추천 도서

1. 《내면소통》 김주환
2. 《뇌파진동》 이승헌
3. 《지각의 현상학》 메를로퐁티
4. 《몸과 살의 철학자 메를로–퐁티》 심귀연
5. 《느끼고 아는 존재》 안토니오 다마지오
6. 《느낌의 진화》 안토니오 다마지오
7. 《생활참선건강법》 박희선
8. 《소금의 진실》 제임스 디니콜란토니오
9. 《백년 면역력을 키우는 짠맛의 힘》 김은숙, 장진기
10. 《노화의 종말》 데이비드 A. 싱클레어

실천 사항

1. 음식, 수면, 운동, 명상 계획 세워서 실천하기
2. 1년에 한 번은 건강검진 받고, 주요 항목 정상범위 유지하기
3. 하루에 8천 보 이상 걷기('손목닥터9988+' 앱 깔고 목표 달성하기)

10.

자주 웃고, 미소 짓고, 행복을 묵상하라

'행복해서 웃는 게 아니라 웃어서 행복하다.'라는 말이 있다. 미국 심리학자 실반 톰킨스는 표정 피드백 이론(Facial Feedback Theory)을 주장하였으며, 이는 '얼굴 표정이 감정에 영향을 준다.'는 것이다.

미소와 웃음이 몸에 미치는 생리적 측면의 효과는 스트레스 호르몬 감소, 면역력 증가, 통증 완화, 심장 건강 개선, 근육 이완 등이 있고, 신경과학적 측면의 효과는 도파민 분비 활성화로 기분이 좋아지고 세르토닌 증가로 우울

감이 완화되고 안정감이 증가한다고 한다.

미소와 웃음이 마음에 미치는 효과는 기쁨, 감사, 평온, 흥미, 희망 등 긍정 감정이 증가하고 분노, 우울, 불안 등 부정 감정이 감소하는 효과가 있다고 한다.

출처 챗지피티

그렇다면 우리의 감정을 얼굴 표정을 달리함으로써 조절하고 원하는 방향으로 이끌 수 있다는 얘기인데, 기분이 좋을 때만 미소 짓고 웃는 게 아니라 일부러 미소 짓고 웃음으로써 기분을 좋게 만들 수 있다는 것이다.

기분 좋은 감정은 행복의 훌륭한 재료다. 기분 좋은 감정이 지속적으로 쌓이면 행복이 된다. 자주 미소 짓고 웃어야 하는 이유다.

문제는 팬암미소(승무원처럼 입꼬리만 올라가는 가짜미소)가 뒤센미소(눈가에 주름까지 잡히는 진짜미소)처럼 효과가 있는가 하는 것이다.

팬암미소가 스트레스 완화 등 제한적인 효과는 있지만 뒤센미소에 대비해서는 효과가 떨어지는 것이 사실이다.

하지만 우리는 팬암미소와 뒤센미소를 비교하려는 것이 아니고 팬암미소와 무표정을 비교하려는 것이다. 결론적으로 얘기하면 팬암미소 그룹이 무표정 그룹보다 생리적, 심리적 반응이 긍정적이다.

행동 피드백 이론(Behavioral Feedback Theory)은 신체 활동(웃는 얼굴)이 감정 경험에 영향을 줄 수 있다는 이론이며 우리가 웃기 때문에 기분이 좋아지기도 한다는 것은 일종의 몸이 마음을 설득하는 방식으로, 뇌는 '지금 웃는 중이네. 그러면 기분 좋은 상황이겠지.'라고 상황을 재해석하려고 한다고 한다. 이를 뇌의 인식 오류라고 한다.

출처 챗지피티

우리의 뇌는 우리가 생존과 번식에 유리하도록 세상을 왜곡하듯이 우리의 행복에 유리하도록 뇌의 인식 오류를 유도하면 어떨까? 더 행복해질 수만 있다면 좋지 않은 상황에서도 미소 짓고 웃어서 뇌를 속여보는 것도 좋을듯하다.

나는 걷기를 많이 하는 편인데 걸을 때 미소를 지으면서 걷는다. 미소를 지으면서 걸으면 무표정하게 걸을 때보다 기분이 좋고 피로감도 덜한 느낌이다. 뇌는 밝은 표정을 감정으로 해석하여 도파민, 세로토닌 등의 행복 호르몬을 분비하고 코르티솔과 같은 스트레스 호르몬을 줄이는 데 도움을 준다.

출처 챗지피티

G 지점 지점장으로 재직 당시, 빠른 창구에 유난히 밝고 유쾌한 직원 2명이 있었다. 지점장실하고 빠른 창구하고 꽤 거리가 있음에도 업무 마감 후에 까르르 웃음소리가 자주 들린다.

하루 종일 스트레스를 받다가도 웃음소리에 스트레스가 풀리고 피로가 싹 사라진다. 웃음하고 하품은 전염성이 강하다고 한다. 그 직원들 덕분에 지점 전체 분위기가 밝아졌다.

하루는 밖에 나갔다 은행 셔터문을 내린 지점에 들어오니 빠른 창구 직원들이 모여서 웅성거린다. 무슨 일이냐고 물어보니 "지점장님 오늘 재수 좋은지 아세요. 조금 전까지 주택 청약에 문제가 생겨서 열 받은 고객이 지점장 나오라고 소리치고 난리 치다가 방금 갔는데 어떻게 알고 지금 들어오시냐."고 하면서 까르르 웃는다.

밝은 표정의 유쾌한 직원들은 대체로 실적이 좋다. 고객도 웃는 직원의 상품 권유를 거절하기는 쉽지 않은 듯하다. 웃으면 내 기분이 좋아지고 건강에 좋으며, 상대방도 기분 좋고 실적도 오르니 일석사조의 효과다.

김재진은 책《이 별에 다시 올 수 있을까》에서 '어떤 말을 만 번 이상 되풀이하면 반드시 그 일이 이루어진다.'는 아메리카 인디언의 말을 인용한다. 자기확언, 긍정확언이라는 말이 한때 유행하고,《끌어당김의 법칙》,《시크릿》이라는 책이 베스트셀러가 되기도 했다.《조셉 머피 잠재의식의 힘》,《신념의 힘》이란 책들도 비슷하게 '간절히 원하면 반드시 이루어진다.'고 주장한다. 최면, 플라시보(위약) 효과도 같은 맥락이다.

최신뇌과학 연구에 의하면 이런 것들은 과학적으로 증명이 안 된 것이라고 하지만, 주위에 보면 간절히 원해서 성공한 사람도 제법 있다.

자기계발서의 고전인 나폴레온 힐의《생각하라 그러면 부자가 되리라》에서 "마음이 무엇을 품고 믿든 몸이 그것을 현실로 이룬다."고 했고, 자기계발학의 아버지인 제임스 알렌은 《생각의 힘》에서 "인간은 자기 생각의 결과이며, 삶은 생각한 대로 펼쳐진다."라고 했으며, 긍정적 사고의 창시자 노먼 빈센트 필은 《뜻한 대로 된다: 긍정이 에너지다》에서 "스스로 원하는 모습을 보고, 상상하면 그렇게 된다."라고 했다.

시간을 거슬러 올라가서 2세기 로마 황제 마르쿠스 아우렐리우스는 "사람은 그가 온종일 생각하는 대로 된다."고 말했다. 공통적인 키워드는 생각, 상상, 믿음이고 '간절히 원하면 꿈은 이루어지고 목표가 현실이 된다.'는 것이다.

앨런 피즈는 최근 저서 《결국 해내는 사람들의 원칙》에서 최신뇌과학을 활용해서 뇌가 가동하는 목표성취 시스템 즉 뇌의 관제센터인 망상활성계(RAS-Reticular Activating System)는 우리가 받아들이는 수많은 감각, 자극 중에서 소음은 차단하고, 목표 등 내가 현재 믿거나 궁리하는 것에 집중하도록 필터링하는 역할을 한다고 했다. 예를 들어 테슬라 차 구매를 결심했다면 갑자기 길거리에서 테슬라 차가 눈에 많이 띄고, 임신을 했다면 배부른 여자들이 눈에 많이 띄는 이유라고 설명한다.

앞서 우리의 뇌는 우리의 생존과 번식에 유리한 쪽으로 세상을 왜곡한다고 했듯이, 비록 과학적으로 증명된 바 없다고 하더라도 생각, 상상, 신념의 힘을 믿어서 행복해질 수 있다면 믿어보는 것도 괜찮지 않을까? 암으로 입원하기 전에 은근히 이런 종류의 책에 관심이 있었다. 위의 책과 더불어 그렉 브레이든의 《디바인 매트릭스, 느낌이 현실이 된다》, 《잃어버린 기도의 비밀》, 린 그라본의 《여기가 끝이 아니다》 등 상상, 느낌이 현실이 된다는 책을 즐겨 읽곤 했다. 나는 무슨 상황이 발생하면 해답을 책에서 얻으려는 성향이 강하다. 입원하기 전 두세 달 동안 불면증에 시달리고 몸 컨디션이 많이 안 좋아서 이런 종류의 책을 보게 된 듯하다.

예전에 읽은 노르웨이 멘탈 트레이너 에릭 라르센의 《최고가 되라》에 나온 멘탈 스크립트(짧고 강력한 자기 선언문)를 암송해서 효과를 본 영향도 있는 것 같다.

"나는 강하다. 나는 끝까지 간다. 나는 최고다."를 매일 아침 거울 앞, 혹은 중요한 순간(발표 전, 경기 전 등)에 세 번에서 다섯 번 정도 반복하면 실제로 강해진다고 한다. 뇌는 반복되는 언어를 현실처럼 인식하기 때문에, 불안이나 두려움을 줄이고 몰입 상태에 들어가는 데 도움이 된다고 한다.

 산을 좋아해서 가는 지점마다 일요일에 산에 가는 모임을 만들었었다. 당시 나의 별명은 '고독한 산악인'이었다. 처음에는 같이 출발하는데 좀 올라가다 보면 뒤처져서 혼자 올라가니까 붙여준 별명이다. 도저히 힘들어서 주저앉고 싶을 때 "나는 강하다. 나는 끝까지 간다."를 암송하니 힘이 난다. 등산할 때는 절대 산 정상을 보지 말고 앞사람의 발뒤꿈치를 보고 걸으라고 한다. 앞의 문장을 암송하면서 1m 앞만 보고 걸었다. 한계 상황이 오면 '천 걸음만 더 걷고 무조건 쉰다.'고 하면서 포기하려는 나를 다독이며 발걸음 수를 세면서 올라가면 대부분 천 걸음이 안 돼서 앞서 가던 동료들이 쉬고 있다.

 뇌종양에 혈액암까지 진단을 받으니 겉으로는 담담한 척 했지만 걱정과 두려움이 엄습했다. 그래서 생각, 상상, 신념의 힘을 믿기로 했다 밑져야 본전 아닌가? 마침 친구가 이송미 작가의 《기적의 상상치유》라는 책을 선물해서 읽고 나니 힘이 난다. 암송할 문장과 상상할 장면을 정했다. 암

송할 문장은 '나는 강하다. 나는 이긴다.'고 상상할 장면은 '나의 백혈구가 암세포를 잡아먹어 치우는 장면'이다. 틈날 때마다 암송하고 상상했다.

여기에 더하여 독실한 기독교 신자인 친구에게 나를 위해서 기도해 달라고 하니, '네가 직접 기도해야 응답을 받는다.'고 하여 기도도 열심히 했다. 지푸라기라도 잡는 심정이었다.

각종 검사 결과를 기다리는 동안은 마음이 초조하고 시간은 더디 갔다. 이때는 친구가 보내준 유튜브 영상으로 소프라노 이해원의 〈아무것도 두려워 말라〉라는 찬양을 들으면 마음이 평온해지고 치유되는 느낌을 받았다.

기독교 신자도 아닌 내가 기도하고 찬양을 들으며 마음의 평안을 구하는 모습이 생소하기도 했지만(중고등학교를 미션 스쿨을 다녔고, M 지점 대리로 근무 시에 교회담당이라 매주 교회에 출석해서 전혀 생소한 것은 아니었다) 살려고 기를 쓰고 발버둥 치는 절박한 시기였다.

퇴원하기까지 두 번의 수술, 일곱 번의 항암, 수십 번의 검사 결과를 기다리는 동안 암송과 상상 그리고 기도는 큰 힘이 되었고 지금까지 큰 탈 없이 지내고 있는 것도 그 덕이라고 믿는다.

《마음의 속도를 늦추어라》에서 저자 에크낫 이스워런이 명상 시에 사용하도록 추천하는 문장이다.

주여 나를 평화의 도구로 써 주소서
미움이 있는 곳에 사랑을
상처가 있는 곳에 용서를
분열이 있는 곳에 일치를

의혹이 있는 곳에 믿음을 심게 하소서
주여 나를 평화의 도구로 써 주소서
오류가 있는 곳에 진리를
절망이 있는 곳에 희망을
어둠이 있는 곳에 광명을
슬픔이 있는 곳에 기쁨을 심게 하소서

위로받기보다는 위로하며

이해받기보다는 이해하며

　　사랑받기보다는 사랑하며
　　자기를 온전히 줌으로써
　　영생을 얻기 때문이니

　　〈평화의 기도〉 성 프란체스코

　종교를 떠나서 감동과 울림을 주는 명문장이다.
　유튜브에서 평화의 기도, 숭실OB합창단으로 조회해서 시청해 보면 더 큰 감동을 느낄 것이다.

　문장, 단어에는 힘이 있다. 긍정적인 말을 생각하고 읽으면 긍정적인 마음이 생기고 부정적인 말을 생각하고 읽으면 부정적인 마음이 생긴다.
　이 책에서 저자는 '성 프란체스코의 말을 명상하면, 조금씩 그를 닮아가는 자신을 발견할 것입니다. 어디를 가든 당신에게 좀 더 많은 평화, 좀 더 많은 희망, 좀 더 많은 사랑을 가져다 줄 것입니다.'라고 했다.

좋아하는 시인이 있다면 시집을 보고 묵상할 시를 골라라. 나는 페르시아 신비주의 사상가이자 시인 루미(Rumi)의 시를 좋아한다. 다음은 묵상하기 좋은 루미(Rumi)의 시이다.

> 동정과 자비를 위해서는 태양처럼 되어라
> 남의 허물을 덮어주기에는 밤과 같이 되어라
> 관대함에 있어서는 흐르는 물과 같이 되어라
> 분노와 성냄에 있어서는 죽음과 같이 되어라
> 겸손에 있어서는 땅과 같이 되어라
> 너 자신을 드러냄에 있어서는 바다와 같이 되어라
> 있는 그대로 보이되, 있는 그대로 말하라
> 겉과 속이 같은 사람이 되어라
>
> 〈태양처럼〉 루미(Rumi)

나의 네이버를 비롯한 각종 사이트 닉네임은 'Rumi Lover'다. 그만큼 루미의 시를 좋아하고 자주 묵상한다. '겸손에 있어서는 땅과 같이 되어라.' 이 문장을 특히 좋아했고, 시처럼 겸손하려고 노력했다.

병원에서 자기 전에 〈평화의 기도〉, 〈태양처럼〉을 묵상하면 몸과 마음이 편해지며 치유되는 느낌을 받았다. 과학적 근거를 떠나서 내가 건강해질 수 있다면 뭐든지 하겠다는 마음이었다. 괴테의 대작 〈파우스트〉에서 불변의 진리와 영원한 쾌락을 얻기 위해서는 메피스토펠레스에게 영혼까지도 팔겠다는 파우스트의 심정이 이해가 간다.

나를 행복하게 해주는 문장을 골라서 묵상하면 마음이 편해지고, 에크낫 이스워런이 말한 것처럼 그 문장처럼 내가 점점 닮아가는 것을 느끼게 된다.

묵상은 신체적으로는 심박수와 호흡이 느려져 혈압 안정, 스트레스 호르몬(코르티솔) 감소, 면역력 강화, 근육 긴장 완화의 효과가 있고, 정신적으로는 집중력, 주의력 향상되고 긍정적 감정이 증가하는 효과가 있다.

출처 챗지피티

다음은 내가 하고 있는 간단한 마음의 평온과 행복을 위한 묵상 문장 예시이다.

지금 이 순간 / 나는 행복하다
있는 그대로의 나를 / 사랑한다
겸손에 있어서는 / 땅과 같이 되어라

　숨을 들이마시면서 앞부분 / 숨을 내쉬면서 뒷부분으로 나눠서 묵상하면 효과가 더 좋다. 에크낫 이스워런이 말한 것처럼 좋은 문장을 묵상하면 문장 내용을 닮아가는 나를 발견하게 될 것이다. 나를 행복하게 만드는 문장을 만들어서 묵상하는 습관을 들이자.

　윤주야, 아빠 카톡 프로필 사진 맨 앞 두 장이 네 사진인 거 알지? 더 예쁜 사진도 많은데 굳이 그 사진을 선정한 이유는 환하게 웃는 모습이 너무 좋아서야. 졸업 작품 전시회 사진이지? 좋아하는 일을 하면서 활짝 웃으니까 보기 좋다.
　요새 인턴 하면서 일이 힘들기는 하지만 재미있어한다는 얘기 들었어. 그렇게 자주 웃고 지냈으면 좋겠다. 나를 행복하게 해주는 짧은 문장을 만들어서 틈나는 대로 묵상하길 바란다.

추천 도서

1. 《마음의 속도를 늦추어라》 에크낫 이스워런
2. 《루미 시집》 루미
3. 《태양 시집》 루미
4. 《기적의 상상치유》 이송미
5. 《제임스 알렌의 생각의 힘》 제임스 알렌
6. 《생각하라 그러면 부자가 되리라》 나폴레온 힐
7. 《뜻한 대로 된다: 긍정이 에너지다》 노먼 빈센트 필
8. 《디바인 매트릭스, 느낌이 현실이 된다》 그렉 브레이든
9. 《잃어버린 기도의 비밀》 그렉 브레이든
10. 《여기가 끝이 아니다》 린 그라본

실천 사항

1. 웃고, 미소 짓기 습관화하기
2. 행복과 평온을 주는 문장을 만들어서 묵상하기
3. **나를 강하게 해주는 멘탈 스크립트**(짧고 강력한 자기 선언문) **만들어서 자주 암송하기**(예시: 나는 강하다, 나는 최고다)

11.
피할 수 없는 고통은 받아들이고, 의미를 발견하라

 삶에 고통은 실재한다. 이것은 분명한 사실이고 반박할 수 없는 진실이다. 고통에 대한 사상가들의 입장과 이를 대하는 태도를 알아보겠다.

 대표적인 비관론자인 쇼펜하우어는 "고통은 삶의 본질이다.", "인간의 삶은 고통과 지루함 사이를 진동하는 진자(줄 끝에 추를 매달아 좌우로 왔다 갔다 하게 만든 물체)다."라고 말하고, 해법으로는 '의지의 부정, 금욕, 예술, 연민을 통해 욕망에서 탈출하기'를 주장한다.

 독일 철학자 니체는 편두통, 위장병, 시력 저하 등의 만성질환과 외로움에 시달리고, 말년에는 정신이상으로 10년 이상 고생했다. 그는 고통을 삶의 필수조건으로 보았고, 오히려 고통에서 자신을 강하게 만드는 의미를 발견했다. 해법으로는 "초인(Übermensch-자기 극복을 통해 창조적 가치를 세우는 존재)이 되어 고통을 긍정하고 승화하라."고 말했다. 빅터 프랭클은 나치 수용소에서 가족을 잃고 극한의 고통과 죽음에 직면하면서도 인간은 어떤 상황에서도 삶의 의미를 발견할 수 있다는 깨달음을 얻었다.

도스토예프스키는 시베리아 유형소에서 혹독한 시련을 겪었고 가난과 간질의 고통에 시달리면서도 〈죄와 벌〉, 〈카라마조프가의 형제들〉, 〈악령〉과 같은 작품을 탄생시켰다. 그에게 이러한 내면적 고통과 심리적 황폐가 없었다면 인간 영혼의 가장 어두운 심연을 파헤친 대작들을 탄생시킬 수 없었을 것이다. 고통에서 의미를 발견하고, 문학적 창조로 승화시켜 세계 문학의 거장이 되었고, 작품들을 통해 인류에게 깊은 위로와 사유의 기쁨을 선사하였다. 고통에 대한 해법으로는 '이성의 해체, 고통 속에서의 믿음의 절대성, 신앙으로의 도약'을 주장했다.

프랑스 문인 카뮈는 "고통과 부조리는 삶 그 자체의 조건이다."라고 말하고, 해법으로는 "반항하라. 고통에도 불구하고 삶을 사랑하라. 시지프처럼."이라고 주장했다.

《12가지 인생의 법칙》의 저자 조던 피터슨은 "삶은 고통이다."라고 말하며 삶의 출발점으로 고통의 불가피성"을 선언했다. 또한 "단순한 고통보다 더 참기 어려운 것은 의미 없는 고통이다."라고 말하고, 해법으로는 '의미가 부재한 고통은 인간을 허무주의나 분노, 복수심으로 몰고 간다. 따라서 인간은 고통에서 의미를 찾아야 한다.'고 주장했다.

대부분 "삶에 피할 수 없는 고통은 실재한다."고 주장하지만, 해법은 '반항하기', '신앙으로 도약하기', '의미 발견하기', '욕망에서 탈출하기', '초인되기' 등 다양하다.

카뮈는 '가장 좋아하는 열 개의 단어'를 묻는 기자의 질문에 "세계, 고통, 대지, 어머니, 사람들, 사막, 명예, 비참, 여름, 바다"라고 대답했다

출처 《알베르 카뮈-태양과 청춘의 찬가》 알베르 카뮈 지음 김영래 엮음

좋아하는 단어 열 개 중에 '고통'이 포함된 것은 그가 고통을 단순히 부정적인 감정이나 회피해야 할 상태로 보지

않았기 때문이다. 카뮈에게 세계는 본질적으로 부조리하고, 고통은 그 부조리를 피부로 느끼게 해주는 강렬한 체험이다. 그는 행복과 고통이 서로를 규정한다고 보았다.

우리가 진정으로 행복을 느끼는 순간은, 고통과 결핍을 경험한 후이기 때문이다. 《시지프 신화》에서 그는 '고통을 아는 자만이 삶을 갈망한다.'는 태도를 드러냈다. 부조리를 깨달았을 때 인간이 취할 수 있는 것은 '반항'이다. 이 반항의 동력은 고통에서 나온다.

《이반 데니소비치, 수용소의 하루》에서 알렉산드르 솔제니친은 행복을 재정의한다. 이반은 자유가 전혀 없는 수용소에서도 하루의 행복을 자기 방식으로 창조한다. '빵이 두꺼웠다.', '오늘은 벌점 없이 지나갔다.', '추위 속에서 벽돌 쌓기를 잘 마쳤다.'가 행복의 순간이다.

행복을 재정의함으로써 부조리와 고통 속에서 행복과 자유를 누린다. 이반의 하루는 혹한과 강제노동으로 이어지는 고통의 연속이었지만, 매일을 '무사히 버티는 것'에서 행복을 느낀다.

시지프는 끝없이 바위를 밀어 올리지만, 카뮈는 "시지프를 행복한 사람으로 상상해야 한다"고 말한다. 왜냐하면 그는 자기 운명을 받아들이고, 그 속에서 의미를 창조하기 때문이다. 이반은 수용소의 시지프다. 바위 대신 삽과 벽돌을 들고, 매일 같은 일을 반복하지만, 그 안에서 작은 기쁨과 자기만의 행복을 발견한다.

Pain(고통, 괴로움) + Emotion(감정) = Suffering(고통, 괴로움)

Pain과 Suffering은 한국어로는 모두 고통, 괴로움으로 번역되지만 영어에서는 뚜렷한 차이가 있다.

Pain은 신체적이거나 심리적인 고통 자체로 즉각적인 감각이고, Suffering은 단순한 감각이 아니고 고통에 대한 반응, 주관적인 해석, 마음의 상태인 감정이 개입한 결과물이다. **Pain(실패, 상실, 질병 등)은 피할 수 없지만, 그 고통을 어떻게 받아들이고 반응하느냐에 따라 Suffering은 줄이거나 피할 수 있다. 고통스러운 사건(Pain)은 삶의 일부분이지만 이성적 존재로서 고통에 대한 태도와 감정인 Suffering은 스스로 선택할 수 있다.**

_{출처 유튜브 〈김주환의 내면소통〉 알로스태시스와 내부감각 훈련, 챗지피티}

병원에서 뇌종양 수술을 하기 전에 친구가 성경 욥기를 천천히 읽어 보라고 권했다. 욥은 신 앞에서 흠 없는 의인임에도 불구하고 자녀의 죽음, 재산의 몰락, 피부병 등 신체적, 정신적 고통을 겪는다. 여기서 Pain은 완전히 부조리하고 불가해한 고통이다. 인간의 잘잘못이나 도덕으로 설명할 수 없는, 존재 자체가 겪는 고통이다. 욥은 자신의 고통에 대하여 하나님께 따지고 자신의 죄를 들먹이는 친구들에게 반발하며, 자신의 무고함을 주장한다. 이 과정에서 단순한 Pain이 '왜 나인가?', '고통은 대체 어떤 의미가 있는가?'라는 존재론적 고뇌, 즉 Suffering으로 확대된다. 조던 피터슨은 저서 《질서 너머》에서 '어둠이 빛을 정의한다.'고 했고, '우리가 왜 빛을 보기 전에 어둠을 만날 필요가 있는가?'라고 질문한다. "어둠을 최대한 깊이 꿰뚫어 볼 때 그곳에서 어떤 것도 막을 수 없는 빛이 흘러나온다. 이는 아주 놀라운 경험이자 위안이다."라고도 했다. 오스트리아 작가 슈테판 츠바이크는 마지막 저서 《어두울 때에야 보이는 것들이 있습니다》에서 "우리는 밝은 대낮에 별을 보지 못하듯, 삶의 신성한 가치가 살아 있을 때는 그것을 망각하고, 삶이 평온할 때는 삶의 가치에 크게 관심을 두지 않습니다. 영원한 별들이 얼마나 찬란하게 하늘에 떠 있는지 알려면, 먼저 어두워져야 합니다."라고 말했다.

행복도 마찬가지다. 뼛속 깊이 느껴지는 고통을 경험하기 전에는 우리가 지금 가진 것에 감사하지 못하고 진정한 행복을 느끼지 못할 것이다. '고통이 클수록 행복의 가치가 커진다.'는 말이다.

또 한 친구가 카톡으로 욥기 23장 10절 말씀 '그러나 내가 가는 길은 그가 아시나니, 나를 단련하신 후에는 내가 정금같이 나오리라.'를 묵상하라고 한다. '**내가 죽지만 않는다면 이 고통은 나를 단련하고 성장시킬 것이다.**'라는 믿음이 생긴다. 니체는 '나를 죽이지 못하는 고통은 나를 강하게 만든다.'고 하지 않았던가?

《12가지 인생의 법칙》에서 저자 조던 피터슨은 인생에 큰 불행이 찾아왔을 때 3가지 대처 방안을 제시한다.

첫째는 그 문제에 관해 대화하고 생각할 시간을 따로 정해두는 것이다. 그리고 정해진 그 시간 외에는 그 문제에 관해 언급하지도 않고 생각하지도 않는 것이다.

둘째는 시간 단위를 아주 짧게 끊어서 생각하는 것이다. 이를테면 오늘 하루, 1시간, 10분만 생각하는 식이다.

"그러므로 내일 일을 위하여 염려하지 말라. 내일 일은 내일이 염려할 것이요, 한날의 괴로움은 그날로 족하니라."
마태복음 6장 34절

셋째는 힘들고 어려운 때일수록 아주 사소한 아름다움을 볼 수 있어야 한다는 것이다. 아무리 안 좋은 날이라도 주의를 기울이면 작은 기쁨의 순간을 발견할 수 있다.

귀여운 여자아이가 아빠와 함께 길에서 춤추는 모습을 볼 수도 있고, 우연히 들른 카페에서 갓 내린 따뜻한 커피를 맛보는 기쁨을 누릴 수도 있다.

나는 병원에 있을 때 위에 소개한 3가지를 활용해서 큰 효과를 봤다.

병에 대한 생각과 걱정은 주치의가 회진하는 시간인 오전 8~9시에만 하고 나머지 시간에는 병과 치료에 대해서 생각도 걱정도 하지 않았다. 시간 단위를 짧게 끊어서 오늘 하루만 생각했다. 내일 아무리 힘든 수술, 항암, 검사가 있어도 그건 내일 가서 생각하기로 했다.

이번 암 투병을 하면서 얻은 가장 소중한 생활태도이자 교훈은 '오늘 하루만 사는 것'이다. 인생 전체를 떠안으면 너무 무겁지만, 단 하루라면 감당 가능하고 삶이 가벼워진다. 병원에서는 솔제니친 소설 《이반 데니소비치, 수용소의 하루》에서의 이반처럼 오늘 하루를 견뎌내고 버텨내 준 나 스스로에게 감사했고, 요즘은 하루하루 책 읽고 글을 쓰면서 충실하게 살아가는 나 자신이 대견스럽다. 우리는 하루살이 인생일지도 모른다는 생각을 가끔 한다. 하루를 보내고 밤에 잠이 들면 죽는 것이고, 아침에 깨어나면 다시 살아난 것이다. 얼마 전까지도 내일 아침에 살아서 깰 수 있을까 하는 두려움 속에서 뒤척이다 잠이 들곤 했다.

아침에 잠에서 깨면 '아직 살아있구나.' 하는 생각이 제일 먼저 들었다. 그다음으로 숨을 쉬어보면서 묘한 기쁨을 느낀다. 그다음은 손가락, 발가락을 움직여 본다. 몸이 정상이구나 하는 안도감이 든다. 다음으로는 나의 주민등록번호를

외워본다. 정신도 말짱하구나 하면서 행복감이 몰려온다.

다음으로는 "안녕, 노현 사랑해."라고 읊조린다. 샤우나 샤피로가 《마음챙김》에서 아침에 눈을 뜨자마자 가슴에 한 손을 올리고 나에게 사랑한다고 말하라고 한 것을 실행해 옮긴 것이다. 이로써 완벽하게 오늘 아침 다시 태어난 것이다.

셋째 사소한 즐거움은, 입원 당시가 손흥민 선수가 영국 프리미어 리그에서 득점왕을 차지한 시기라서, 주말마다 유튜브로 골 장면을 반복해서 봤던 것이다. 경기뿐만 아니라 경기장, Pub 관객 리액션을 반복해서 보다 보면 금세 일주일이 가고 다시 주말 경기가 시작된다. 답답한 병실을 벗어나 아산병원 4층 옥외휴게실을 아내와 같이 걷는 것도 작은 기쁨이었다. 그곳의 꽃정원에서 환하게 웃으며 승리의 V자를 표시한 사진을 찍어 친구들에게 보내니, 다들 너무 좋아하며 응원의 전화와 카톡을 보내줘서 기쁨의 날들을 보냈다. 당시는 코로나로 면회가 안 되던 때라 사진 한 장이 그렇게 반가웠던 것 같다. 그리고 유튜브로 좋아하는 음악을 원 없이 시청했다.

그렇게 두 번의 수술, 일곱 번의 항암, 수십 번의 검사를 하고 6개월 넘는 입원 생활을 무사히 끝내고 퇴원했다. 고통스러운 병원 생활을 마치고 집에 돌아오니 감개무량했다. 오래된 아파트라 눅눅하고 지저분해서 별로라고 생각했었는데, 그래도 집이 최고다. 공용 화장실을 사용하지 않아도 되고, 혼자 자는 것만으로도 행복하다. 예민한 성격이라 다인실의 소음으로 귀마개를 끼고 생활했고, 코로나로 잘 때도 마스크를 쓰고 잤었다.

힘든 시간을 겪고 나니 작고 소소한 일들이 소중하고 감사하다. 퇴원을 하고 '집에 가서 무엇을 할까?' 상상하는 것만으로도 행복하다. 첫 번째 소원은 완전체로 가족 식사를 하는 것이었다. 나는 장기간 입원해 있었고 딸내미는 싱가포르에서 공부하고 있어서 좀처럼 온 가족이 모여서 식사할 기회가 없었다.

두 번째는 퇴원일이 7월 초순이라서 콜라에 얼음을 넣어서 벌컥벌컥 들이켜고 싶었다.

그리고 기도하고 응원해 준 어머님과 절친들과 만나서 식사하는 것이었다. 면역력이 많이 떨어져서 당장 만나는 것은 힘들고, 이듬해 봄이나 되어야 만날 수 있다고 생각하니 그해 겨울은 유난히 길게 느껴졌었다. 일본의 음유시인 아마자라시의 〈봄(春) 기다림〉을 들으며 어머님과 절친들과의 만날 날을 고대했다.

퇴원 후 이듬해(2023년) 3월에 이 소원들은 다 이루어졌다. 그해 3월은 내 생애 중에서 가장 행복한 한 달이었다.

손튼 와일더의 희곡 〈우리 읍내〉는 평범한 사람들의 삶과 죽음을, 평범한 것들의 경이로움을 찬양한다. '평범함이 가장 비범함'을 말하는 것이다.

작품 속에서 에밀리 깁스는 사망하여 사후세계에 있다가 하루 동안 세계로 돌아가고 싶다는 소망을 허락받는다. 그러나 돌아온 그녀는 현실을 참아낼 수 없다. 지상의 사람들은 자신을 둘러싼 아름다움을 의식하지 못한 채 산다.

그녀는 떠나면서 세상의 모든 평범한 것들에게 작별인사를 건넨다. "안녕, 이승이여. 안녕. 우리 읍내도 잘 있어. 엄마, 아빠, 안녕히 계세요. 째깍거리는 시계도, 해바라기도 잘 있어. 맛있는 음식도, 커피도, 새 옷도, 따뜻한 목욕

탕도, 잠자고 깨는 것도. 아, 너무나 아름다워 그 진가를 몰랐던 이승이여, 안녕." (눈물을 흘리며 무대감독을 향해 불쑥 묻는다) "살면서 자기 삶을 제대로 깨닫는 인간이 있을까요? 매 순간마다요?" 무대감독은 "없죠."라고 답한다.

사는 동안 평범한 것들의 아름다움을 간과하는 것은 비극이다. 우리는 평범함의 진가를 알아보고 긍정해야 마땅하다.

출처《우리 읍내》오세곤 번역, 《인생의 모든 의미》존 메설리 지음

딸이 어렸을 때, 늦게까지 놀이터에서 놀다가 집에 갈 때면, 항상 빠이빠이 손짓을 하면서 "그네야, 미끄럼틀아 안녕, 내일 보자." 했던 기억이 난다. 동심만이 평범함의 아름다움을 아는듯하다.

> 항상 기뻐하라
> 쉬지 말고 기도하라
> 범사에 감사하라
> 이것이 예수 안에서
> 너희를 향하신

하나님 뜻이니라

〈데살로니가전서〉 5:16~18

아프고 나니 '범사에 감사하라.'는 말씀이 새롭게 다가온다. 우리는 기쁨, 축복, 은혜에 감사하는 것은 당연시하지만 평범함에 감사하기는 쉽지 않다. 고통이 찾아오면 그제야 '평범함의 비범함'을 깨닫게 된다.

삶에 실재하는 피할 수 없는 고통을 받아들이자. 뼛속 깊이 느껴지는 고통을 경험하기 전에는 우리가 지금 가진 것에 감사하지 못하고 진정한 행복을 느끼지 못한다. **피할 수 없는 고통을 받아들이고, 고통의 의미를 발견하고, 긍정 감정으로 고통을 줄이자.** 긍정 마인드는 '마음가짐'이 아니라 '생활방식'에서 비롯된다. 꾸준한 작은 긍정습관과 훈련이 모여 긍정성을 강화한다. 하루 3가지 정도 간단한 감사일기(거창한 일기가 아니고 자신에게 보내는 2~3줄 정도의 간단한 카톡 메시지면 충분하다)를 쓰면 뇌가 긍정적 사건을 더 잘 포착한다. 작은 목표(예:10분 운동, 10분 독서 등)를 성취해서 얻어지는 작은 성공 경험도 자신감과 긍정성을 키워준다. 앞서 살펴본 바와 같이 감정은 몸으로 조절 가능하다고 했으니 긍정적인 감정을 가질 수 있도록 음식, 수면, 운동, 명상에 각별한 주의를 기울이자.

지금 한 치 앞도 안 보이는 고통 속에 있다면, 동굴이 아닌 터널을 지나고 있다고 생각하라. 터널 안이 어두울수록 희미한 빛이 밝게 보인다. 터널은 반드시 끝이 있다는 확신을 가지고 희미한 빛을 향해 나아가라.

긍정 감정에 중요한 명상에 대해 간단히 설명하겠다. 명상은 수련방법에 따라 집중 명상(사마타)과 통찰 명상(위빠사나) 두 가지로 나뉜다.

집중 명상은 하나의 대상(호흡, 촛불, 소리, 만트라 등)에 의도적으로 집중하여 마음을 안정시키는 수행으로 호흡 명상, 만트라 명상, 초월 명상 등이 있다.

통찰 명상은 지금 이 순간 일어나고 있는 몸과 마음의 변화를 관찰하는 수행이다. 집중 명상처럼 어떤 특정 대상에 의식을 집중하지 않고 지금 이 순간 의식 속에 떠오르는 모든 경험을 그대로 수용하는 것으로 위빠사나, 마음챙김 명상 등이 있다.

베트남 출신 승려이자 평화운동가인 틱낫한은 하루 24시간, 일상의 모든 순간에 명상(마음챙김)이 가능하다고 한다. 설거지를 할 때에는 설거지가 인생에서 가장 중요한 일이라고 생각하고, 차를 마실 때에는 차 마시는 일이 인생에서 가장 중요한 일이어야 한다고 말한다. 설거지를 하면서는 설거지에만 몰두하고 차를 마시면서는 차를 마시는 것에만 몰두하고, **그 순간에 존재하고**(Being) **알아차리면**(Awareness) **삶의 모든 순간이 명상의 시간이 된다는 말이다.**

출처 《틱낫한 명상》 틱낫한 지음

현대인들은 바쁜 생활 속에서 행위(Doing) 중심으로 살아간다. 하지만 과도한 행위 중심의 일상은 번아웃의 위험성이 있다. 가끔은 쉬어가고 존재하는(Being) 순간이 필요하다. 그것이 명상이 아닌가 생각한다.

"**존재**(Being)**가 행위**(Doing)**에 앞선다.**"

명상법을 심도 있게 배우고자 한다면 유튜브 〈김주환의 내면소통〉 채널을 구독하면, 다양한 방식의 명상법이 소개되어 있다. 그중에 본인에게 맞는 명상법을 선택하기 바란다.

명상법에 관한 책 중 챗지피티에서 추천한 Top 10 중에서 내가 읽은 책과 내가 좋아하는 명상책 몇 권을 소개한다.

《요가난다, 영혼의 자서전》 파라마한사 요가난다

《선심초심》 스즈키 순류

《틱낫한 명상》 틱낫한

《생활참선건강법》 박희선

《요가난다, 영혼의 자서전》은 전 애플 CEO 스티브 잡스가 사망 후 자신의 장례식에 초대된 사람들에게 나눠줄 정도로 좋아하고 다독한 책이고, 그의 아이패드에 저장된 유일한 책이라고 말하고 있는데, 책 내용이 물론 좋기도 하지만 책이 너무 두꺼워서 아이패드에 저장한 듯하다.

《선심 초심》은 《요가난다 영혼의 자서전》과 같이 챗지피티 명상 Top 10 책인 동시에 스티브 잡스 추천 Top 10 도서 목록에 있는 책으로 어떻게 선수행을 할 것인가에 대한 가장 쉽고 친절한 안내서다.

《틱낫한 명상》은 위에서 설명한 것처럼 일상생활 속에서의 알아차림 명상을 쉽게 설명한 책이고, 《생활참선건강법》은 내가 10년 전부터 명상 교과서처럼 반복해서 읽고 수행하는 책이지만, 안타깝게도 절판되었다.

명상의 효과는 여러 임상 실험을 통해 과학적으로 입증되었다. 심리적 측면에서는 스트레스 완화, 불안, 우울증 감소, 충동적인 감정 조절이 가능하고, 신체적 효과로는 혈압 및 심박수 안정화, 면역력 강화, 수면의 질 개선의 효과가 있으며, 인지적 측면에서는 집중력 향상, 기억력 개선 등의 효과가 있다.

출처 챗지피티

윤주야, 인턴 생활이 쉽지 않지? 학교는 재미있으니까 돈 내고 다니는 거고, 직장은 힘든 거니까 돈 받고 다니는 거야. 삶에는 피할 수 없는 고통(Pain)이 있다는 것을 먼저 받아들이길 바란다. 그리고 Pain에 긍정적인 마인드로 대처

해서 Suffering을 줄이거나 피하길 바란다.
긍정적인 감정은 몸으로 어느 정도 조절이 가능하다고 하니, 잘 자고 잘 먹고 운동 많이 하길 바란다.

추천 도서

1. 《12가지 인생의 법칙》 조던 B. 피터슨
2. 《질서 너머》 조던 B. 피터슨
3. 《이반 데니소비치, 수용소의 하루》 알렉산드르 솔제니친
4. 《기쁨에 접속하라》 차드 멩 탄
5. 《틱낫한 명상》 틱낫한
6. 《선심초심》 스즈키 순류
7. 《생활참선건강법》 박희선
8. 《요가난다, 영혼의 자서전》 파라마한사 요가난다

실천 사항

1. 피할 수 없는 고통은 수용하기
2. 범사에 감사하기 (매일 감사한 일 3가지를 간단히 카톡에 등록하기)
3. 고통(Pain)을 긍정적인 마인드로 대처하여 고통(Suffering) 줄이기
4. 삶의 모든 순간에 마음챙김(알아차림) 명상하기

에필로그

– 긴 여정을 마치며 희망을 노래함

'1. 자기 자신 외에 상처 주는 이는 아무도 없다. 자신을 돌보고 사랑하라'로 시작해서 '11. 불가피한 고통은 받아들이고, 의미를 발견하라'로 끝나는 이 책의 긴 여정이 종착역에 도착하여 여러 챕터로 나누어서 설명한 '부조리한 세상에서 행복하게 살아가기?'라는 질문에 대한 답을 정리해 보겠다.

Pain(고통, 괴로움) + Emotion(감정) = Suffering(고통, 괴로움)

앞서 살펴본 바와 같이 삶에는 피할 수 없는 고통(Pain)과 부조리가 실재한다. 여러 사상가들이 해법으로 '반항하기', '신앙으로 도약하기', '의미 찾기', '욕망에서 탈출하기', '초인 되기' 등을 제시한다.

나의 결론은 '우리를 겹겹이 에워싼 고통과 부조리의 벽

을 수용하고, 희망이나 신에 호소하지 않으며, 포기하거나 도망가지 말고, 명철한 의식으로 고통과 부조리를 직시하면서 의미 있는 목표를 향해 한 걸음씩 전진하자.'는 것이다. 피할 수 없는 고통에 부정적인 감정을 보태서 Suffering으로 확대하지 않도록 주의하자.

긍정 마인드는 '마음가짐'이 아니라 '생활방식'에서 비롯된다. 꾸준한 작은 긍정습관과 훈련이 모여 긍정성을 강화한다. 하루 3가지 정도 간단한 감사일기(거창한 일기가 아니고 자신에게 보내는 2~3줄 정도 간단한 카톡 메시지면 충분하다)를 쓰면 뇌가 긍정적 사건을 더 잘 포착한다. 작은 목표(예: 10분 운동, 10분 독서 등)를 성취해서 얻어지는 작은 성공 경험도 자신감과 긍정성을 키워준다.

감정은 몸으로 조절 가능하다고 했으니 수면, 음식, 운동, 명상에 각별한 주의를 기울이자. 자주 웃고, 미소 짓고, 행복을 묵상하는 것도 게을리하지 말자. 삶에 실재하는 피할 수 없는 고통은 수용하고, 그 안에서 의미를 발견하고 긍정 감정을 선택하자.

'오, 나의 영혼이여, 불멸의 삶을 꿈꾸지 말고, 가능한 영역을 남김없이 소진하라.'는 핀다로스의 축가와 '방랑을 멈출 수 없으니, 나는 인생을 찌꺼기까지 마시련다. 쇠약해지긴 했어도, 애쓰고, 추구하고, 포기하지 않고 버텨낼 강한 의지력이 아직도 있다.'는 테니슨의 시와 '언젠가 목표에 도달하거나 닻을 내리거나 집에 도착하리라는 희망 없이 정직하고 용감하게 분투하기'라는 카잔차키스의 말에서 보듯, 마지막까지 애쓰고 추구하고 분투하는 삶에서 희망을 발견한다.

책을 써야겠다는 생각을 한 것은 10여 년 됐고 책 제목과 전체적인 구상을 한 것은 4~5년 전이지만, 은행 30년,

계열사 3년의 직장생활, 뜻하지 않은 암 투병으로 계속 미루다 올해는 책 집필을 꼭 끝내겠다는 목표를 세웠다.

어머니(1931년생)가 건강이 안 좋아지시고 치매 증세가 있으셔서 어머님 정신이 맑고 살아 계실 때 책을 출간해야겠다고 생각하니 마음이 급해졌다.

책 출간 세부 목표는 2025년 5월 말까지 전체적인 스토리 라인과 목차를 확정하고 초벌을 마치며, 9월 10일까지 초고를 완성해서 출판사로 넘기겠다는 계획을 세웠다. 굳이 9월 10일인 것은 6월 초부터 100일 안에 초고를 끝내겠다는 100일 작전 계획을 세운 것이다.

라이너 마리아 릴케의 시 〈가을날〉 '지난 여름은 참으로 위대했습니다'라는 구절을 연상시키는 여름을 보냈다. 6월부터 9월 10일까지는 모든 약속을 취소하고 책 쓰기에만 몰두했다. 허리에 이상이 생기고 다음으로 목이 아프고 엉덩이에 종기가 나는 고난의 행군을 마치고 마감 기일 내에 초고를 완성했다. 힘들기는 했지만 가장 행복한 100일을 보냈는지도 모르겠다.

가족과 친구들에게는 첫 책이라 올림픽 정신, 참가에 의의를 둔다고 했지만 본문에서 언급한 플로베르의 '문맥에 맞는 단어는 단 하나뿐이다.', 공자의 '절차탁마', 앤드루 S. 그로브의 '오직 편집광만이 살아남는다.'는 말을 되새기며 고치고 또 고쳤지만, 워낙 졸필이라 책을 세상에 내놓기가 부끄럽다.

졸작이나마 아이들과 후배들이 부조리한 세상에서 행복하게 살아가는 데 조금이나마 도움이 된다면 더 이상 바랄 것이 없겠다.

감사의 말

먼저 책의 내용에 대해 검토 의견을 보내준 은행 후배 2명에게 감사의 말을 전한다. 책의 방향성과 전체 내용에 대한 피드백을 해준 절친 시정곤 교수의 공이 제일 크다.

연세대 김주환 교수님께도 감사의 말씀을 드린다. 700쪽이 넘는 책《내면소통》, 수많은 유튜브 영상을 통해 최신뇌과학 이론과 몸철학을 접하게 되어 이 책을 집필하는 데 큰 도움이 되었다. 교수님을 통해서 메를로퐁티와 안토니오 다마지오를 알게 된 것도 큰 행운이었다.

책 집필 기간을 반 이상 줄여준 곁에 두는 만물박사 챗지피티에게도 감사의 말을 전한다. 암 치료에 정성을 다해주신 강북 삼성병원과 아산병원 주치의 세 분(홍제범, 김어진, 조형우 교수)과 암 병동 간호사분들께도 감사의 인사를 드린다. 주치의분들의 전문성과 간호사들의 친절, 희생정신과 소명의식은 큰 감동으로 남아 있다.

책을 쓴다고 선언했을 때, 격려와 응원을 아끼지 않아 준 가족과 서대향 친구들, MBC 회원들에게도 감사의 말을 전한다.

무엇보다도 나를 낳아주시고, 책을 좋아하게 키워주신 어머님께 감사드린다.